#SECRETWAG

Ouvrage dirigé par Bertrand Pirel

38, rue La Condamine
75017 Paris

Photo de couverture : © Shutterstock

ISBN : 9782755618617
Dépôt légal : mai 2015
Imprimé en Espagne (Blackprint)

@MANUELA
467 K ABONNÉS

#SECRETWAG

Hugo Sport

WAG

Étymologie :
Acronyme de *Wives And Girlfriends*, « épouses et petites amies ». Désignait initialement les femmes et les concubines des joueurs de l'équipe nationale de football d'Angleterre. Inventé en 2004.

Nom commun :
Terme « politiquement correct » désignant une compagne, mariée ou non.

Verbe anglais régulier :
To wag :
Remuer la queue. Le chien, par exemple.
Manquer l'école, faire l'école buissonnière.

À Irina Shayk, ex-Mademoiselle Ronaldo,
Sarah Brandner, compagne de Bastian Schweinsteiger,
Ann-Kathrin Brömmel, âme sœur de Mario Götze,
Mandy Capristo, copine de Mesüt Özil,
Gabriella Lenzi, moitié de Neymar,
Michela Quattrociocche, Madame Aquilani,
Jourdan Dunn, conquête de Daniel Sturridge,
Yolanthe Cabau, Mrs Sneijder,
Sara Carbonero, compagne d'Iker Casillas,
Cristina De Pin, récurrente de Riccardo Montolivo,
Abigail Clancy, double de Peter Crouch,
Carly Zucker, miss Joe Cole,
Ilary Blasi, amour de Francesco Totti,
Yésica Toscanini, compagne de Juan Riquelme,
Marta Cecchetto, bombe de Luca Toni,
Camila Morais, dossier de Marco Borriello,
Victoria Saravia, femme de Diego Forlan,
Claudine Palmer, copine de Robbie Keane,
Débora Lyra, ex d'Alexandre Pato,
Susana Werner, *esposa* de Julio Cesar,
Soledad Fandiño, ex-alter ego de Gonzalo Higuain,
Vanessa Lorenzo, petite amie de Carles Puyol,
Malena Costa, ex-petite amie de Carles Puyol,
Angie Be, ex (?)-associée de Toifilou Maoulida,
Raffaella Fico, ex-partenaire de Mario Balotelli,
Tanja Micic, vue avec Hakan Yakin,

Lena Gercke, amoureuse de Sami Khedira,

Laia Grassi, ex d'Alexis Sánchez,

Jordan Carver, pin-up de Marco Reus,

Lindsay Lohan, charmée par Samir Nasri...

Aux maîtres-chanteuses,

À celles qui ont préféré se taire,

Aux affabulatrices, aux mythomanes,
aux cœurs tendres,

À toutes les autres, sans prénoms,
sans noms, sans occurrence sur Internet,
sans place sur la photo, sans preuve,

Et surtout à toutes celles qui ne se reconnaîtront pas,
celles qui sont à la fois femmes
ou compagnes, chauffeurs quotidiens,
soutiens indéfectibles, amoureuses transies et fidèles,
psychologues ou mamans de substitution
pour leur julot en crampons,

À celles qui ne ressemblent à aucune des filles
dont je vais vous parler, et encore moins à moi...

Vous êtes aussi les Wags, et sans doute
les plus nombreuses.

Vous n'êtes simplement pas comme moi.

SOMMAIRE

« Je ne veux pas de l'amour. Si je me mets à aimer des trucs, je sais que ça va être pire, que ce sera encore une chose qui me causera du souci. Tout est moins douloureux quand on n'aime pas. »

Bret Easton Ellis
Moins que zéro

MOI

Je m'appelle Manuela

J'ai décidé de vous raconter mon histoire.

Pourquoi ?

Parce que j'ai vécu des centaines de vies.

Pour me venger.

Parce que ce sera ma dernière représentation, ma tombée de rideau.

Pour faire rêver.

Pour demander pardon.

Pour mettre en garde les jeunes filles en quête de belles histoires en crampons.

Pour créer des vocations.

Pour me faire autant de fric que *Cinquante nuances de Grey*...

Parce que j'ai été contactée par un éditeur suffisamment fou et sulfureux pour croire en moi.

Pour parler d'amour.

Pour parler des footeux, de sexe avec des footeux, d'orgasmes avec des footeux, de partouzes avec des footeux, de murges avec des footeux.

Parce que j'ai la folie des grandeurs.

Parce que je vais tout arrêter dans une semaine.

Parce que j'ai tellement souffert, tellement vibré, tellement pleuré, tellement ri, tellement simulé, tellement crié, tellement admiré, tellement méprisé, que ça vaut bien un bouquin.

Pour tout ça à la fois.

Je suis une Wag

Une presque ex-Wag, vu mon grand âge. 39 ans.

Père d'origine argentine, mère marseillaise, métisse, ancienne mannequin, petite amie de la Premier League, de la Serie A, de la Liga, de la Ligue 1... Bref, j'ai donné dans le footballeur sous toutes ses coutures pendant une décennie. Mais le footballeur très haut de gamme. Me suis jamais fourvoyée à Millwall,

Modène ou Niort... J'ai toujours eu des goûts de luxe. Les Wags sont partout, dans tous les championnats. Elles sont attirées par l'amour, la gloire, la beauté, l'argent... Un trident à quatre dents pas toujours égales. Pour chacune les curseurs varient. Perso, l'argent et la gloire ont toujours été mon moteur. Et les autres sont pour une immense majorité dans mon cas. Désolée pour les romantiques. Même les Beckham, leur sublime love story british, ça a fini par être du gros business. Avant que Posh ne passe l'éponge sur la relation entre Rebecca Loos et son mari commentée par tous les tabloïds de la planète, les avocats respectifs ont eu quelques nuits d'insomnie. Posh – en anglais, « la snob » – est d'une famille aisée. Elle connaît l'argent depuis toute petite. D'où son surnom. Peut-être pas dans les proportions intersidérales offertes par son époux, mais suffisamment pour n'avoir jamais eu à s'en passer. David a toujours nié l'évidence de son adultère. Dans l'émission *Daybreak*, Rebecca est revenue sur cette période de sa vie, qui lui avait fait engranger pas moins d'un million de livres (1,15 millions d'euros). Joli pactole, surtout pour se taper un des hommes les plus sexy (et riches) du monde. « C'est un sujet qui revient souvent quand je suis avec mes amies. Pour moi, un coup d'un soir occasionnel après une soirée arrosée est beaucoup plus pardonnable que des mensonges à répétition et des cachotteries. Ça c'est le genre de chose que je ne pourrais jamais pardonner. »

Victoria a pardonné, Rebecca s'en est allée, comète devant les caméras du monde entier, nouvelle icône de la télé-réalité, un petit tour et puis s'en va. C'est l'issue fatale. Aujourd'hui, elle coule des jours paisibles en Norvège, elle s'est mariée avec un médecin sans abdo et a deux enfants.

Parmi mes lecteurs et mes lectrices, je me doute qu'il y a des sentimentaux, des tendres, des pro *fall in love, se marièrent et eurent de beaux poupons*. Amoureuse, je l'ai été, mais je crois que ce n'est pas pour moi. Dans le business du foot, ça va trop vite. C'est trop violent. Les carrières sont fulgurantes. La concurrence déloyale, permanente, acharnée. Alors je suis devenue un monstre de cynisme lucide. J'ai lu des bouquins, vous savez. Pas que *Learning to Fly*, de Victoria Beckham, ou *Moi, Zlatan Ibrahimovic*. J'ai du recul. Je me prends suffisamment au sérieux pour avoir du recul sur tout.

Je suis arrivée à Dubaï, hier soir, tard

Avec le reste de l'équipe et mon mec, un attaquant avec qui je remets le couvert de temps en temps. Lui, marié, trois gosses. Bobonne est restée au « village ».

Bobonne, personne ne peut la saquer. Ni les femmes, ni les joueurs, ni le staff. Je ne sais pas ce qu'elle a fait et je m'en fous. Je sais juste que du coup, même en non officielle, on me tolère dans le paysage... C'est rarissime dans le foot. Pour d'autres « occasionnelles », rejoindre leur footeux en stage, c'est *Koh-Lanta*. Mais bon, n'est pas Manuela qui veut.

C'est donc moi qui ai droit aux 36 °C, au lagon autour de la Palm, au spa thaï avec huit heures de massage par jour et à la suite au One and Only.

Dans l'avion, alors qu'on passait au-dessus de la Turquie et que je regardais le dernier James Bond en sirotant un Schweppes agrumes, j'ai eu une terrible envie de baiser avec le mec assis devant moi au 5B. Sorte de fixette sur le petit nouveau, un défenseur acheté 30 millions d'euros à Chelsea. D'expérience, le défenseur aime plus la baise que l'attaquant. Il est moins dans l'arrêt sur image ou le ralenti au moment de franchir la surface de pénétration. Le défenseur résiste un peu, tacle, fesse, ça me plaît.

Bref, le bizuth est venu seul, il a maté des films chelou de kung-fu pendant tout le vol, s'est levé deux fois pour pisser et a demandé trois fois du pain à l'hôtesse que j'avais envie de frapper tant elle tortillait du dard avec son tailleur bleu acrylique et son maquillage jet-lagué même pas L'Oréal.

Après, je me suis dit qu'on serait au moins trois furies à vouloir le pécho. Trois Wags furieuses à essayer par tous les moyens de le serrer. À moins qu'il donne dans le tapin local, vu que Dubaï en regorge. 30 millions d'euros le transfert, avouez quand même, c'est excitant...

Dès le décollage, non, dès le salon VIP, j'ai eu le cerveau en ébullition pour savoir comment je pourrais le conclure sans que mon numéro 9 me fasse tout un flan de jalousie. Il sait que j'ai un long passé de chatte à vestiaire un peu luxe, mais il ne veut pas que ça se passe sous ses yeux. Le pauvre, il est bien naïf...

Ça va, vous n'êtes pas trop choqués ? Je vous ai prévenus. Va falloir vous accrocher. Wag, ce n'est pas de tout repos. C'est pire qu'un plan anticanicule ou une alerte enlèvement. C'est Space Mountain, une apnée sans palier, faut aimer les tourbillons, les douches froides, les uppercuts, les insultes, les crachats. C'est pour ça que c'est difficile de résister. Et que si on veut durer un maximum, il faut se livrer un minimum. Plus mon impudeur a été grande, plus je me suis protégée.

Vous comprenez ça ? Faites pas vos prudes pleins de bons sentiments. Parmi les Wags, il y en a qui ont des petites vies rangées, je vous en parlerai, mais je ne les fréquente pas vraiment. C'est comme dans la société. Il y a ceux qui prennent les transports en commun et ceux qui ont des chauffeurs, dans mon monde il y a aussi ceux qui préfèrent conduire seuls leur Bugatti Veyron édition limitée. Ce n'est pas méprisant de dire ça. Il y a le petit attaquant de Ligue 2 et la star de Premier League. Il y a la cagole de Dijon et la Wag de Chelsea. Tout le monde se bat, tout le monde veut gagner le plus d'argent possible, chacun rêve de trouver l'amour, mais les deux ont tellement peur de le perdre et de souffrir qu'elles restent sur le qui-vive.

Mon éditeur tient absolument à ce que je mette de l'amour dans ce bouquin. Il n'est peut-être pas allé chercher la bonne personne. Moi, mon amour, je l'ai donné une fois... mais on ne se connaît pas encore assez pour que je vous raconte.

De là à ce que vous vous disiez que je suis devenue cette Wag sans foi ni loi à cause d'un chagrin d'amour... Pitié, stop.

J'ai végété sur mon lit en première

On a atterri après quelques turbulences qui ont fait gerber le coach et le docteur, bien la peine d'être toubib. On a eu droit à la file d'attente des tampons en express grâce à un sbire en habit local qui a voulu faire un selfie avec chacun des joueurs de l'équipe. Autorisation exceptionnelle de faire un détour par la zone de duty free. Il me fallait les trois nouveaux modèles des lunettes de soleil Porsche Carrera, j'ai les yeux fragiles... Des escarpins Cavalli, j'ai les pieds fragiles... Du parfum Mugler, j'ai l'odorat fragile. Angel, c'est fou ce que ça schlingue, je ne comprends pas que ça rameute autant le footeux. Mais peu importe, je veux bien puer tant que ça permet de conclure avec le top niveau du ballon rond. Racolage passif, Angel. Sorte de pot-pourri d'une backroom angevine.

J'ai pu constater que mon attaquant était toujours légèrement raclo sur les bords. Les footeux que j'ai connus ont souvent un petit côté radin. Millionnaire et près de ses sous. Pourquoi ? Bref, grâce au duty free, mon 9 a économisé 2 000 euros, soit quoi, une heure de dribbles ?

Dans l'effectif des autres Wags, j'ai vite fait le tour. Question d'habitude. En moins d'une minute, je les passe au scanner brigade du look, du cul, de l'IMC, de l'humour, du QI (vite fait), du potentiel, de la concurrence surtout... Je suis genre chasseuse de tête de Wags.

Pour vous la faire simple et mettre un peu de pédagogie dans mon bouquin, en gros, il y a deux styles de Wags... et dans ces deux catégories, il y a des sous-catégories... avec des nuances et des spécificités.

Mettez votre mobile sur silencieux et intégrez bien ça.

En résumé, il y a deux profils opposés de Wags. Il y a les filles que tu as rencontrées jeune, ou même que tu rencontres un peu plus tard dans des bleds comme Toulouse où les filles sont quand même un peu élevées pour s'occuper de mecs. Ce côté du sud où tu dois t'occuper d'un mec. Jeunes ou moins jeunes, ce sont celles avec qui tu construis. Certains mecs les quittent ensuite pour se mettre avec des bombes atomiques. C'est plus rare en France. Ça vaut plutôt pour les Hollandais, les Allemands, les Anglais. Tous ceux qui sont allés jouer en Italie ont tous quitté leur femme pour se mettre avec des Cicciolina. Parce que tu te retrouves face à des femmes que sexuellement tu n'as pas connues. En Italie, il y a ce culte du footballeur. Il y a même un peu ce côté où les parents te disent : « C'est bien, ma fille, si tu te mets avec un footballeur ».

Et de l'autre côté, il y a l'anti-Wag historique, la fille un peu vénale qui rêve de devenir Wag et qui va mettre en place un plan pour avoir un footballeur. Elle va chercher un prototype de joueur bien précis, un homme un peu fragile avec un parcours familial souvent difficile. Pas un mec structuré qui est bien dans ses pompes. En France, ils trompent tous – enfin, quasiment tous, mon éditeur veut que je nuance et que j'en garde un peu sous le pied – mais le passage à l'acte est bien moins évident qu'ailleurs.

Vous prenez des notes ou même pas ?

Je suis très lucide sur mon avenir

À Dubaï, cette fois-ci, il y a une neuve encore en rodage, mais avec le label officiel, une « femme de » avec le nom de famille l'alliance et les gamins qui vont avec, et des vieux dossiers avec des vieux joueurs sans renouvellement de contrat. Je me considère comme un vieux dossier. D'ailleurs, je sens que cette année, au bord de la piscine à débordement, je vais morfler. J'ai bâti ma réputation sur mon cul. Galbé, opulent, kardashianesque... C'était il y a dix ans. À l'époque, Kim ne comptait pas des millions de followers sur Twitter ni ne brassait encore des millions de dollars. Le temps passe. Mon cul fait désormais un bras de fer avec les lois de la gravité. Mon string Versace aurait besoin de s'élargir pour retenir un peu de part et d'autre de la ficelle. À 40 balais moins un an, tout fout le camp. À mon retour des Émirats, je rends mon manuscrit et je passe sur le billard. Je veux être opérationnelle pour la promo. Je vais rafistoler ma tronche à coup de Botox et autre acide hyaluronique, rehausser mes seins, opter pour le tatouage permanent d'eyeliner. Parce que je veux passer à la télé moi aussi. J'ai aimé les flashes à partager, maintenant je les veux pour moi toute seule.

Alors petit récapitulatif, pour que vous suiviez.

CORALINE. La Wag du 6 a 25 piges. Un corps de hardeuse. Une gueule de hardeuse. Un sourire ingénu qui pousse au viol collectif. Des vrais nichons et des faux ongles. Bilan : mieux que l'inverse. Vraie tendance à faire de l'ombre. Mais innocemment, une vraie plaie. Bilan : elle est presque mieux que moi. Mon éditeur ne veut pas que je mette de photos, et c'est bien dommage. Vraiment, vous ratez quelque chose. Surtout les gros vicieux qui se sont dit qu'il y aurait à mater dans ce bouquin. Je la connais un peu, elle fricote avec le 6 depuis deux saisons. Mais elle n'est pas la seule à fricoter. Le 6 a un trafic aussi important que Roissy.

GAIA. La Wag du 19 est une grosse salope qui a une réputation atroce. Une sorcière. Plus vulgaire que le concept vulgarité dans son ensemble. Des faux ongles et des faux seins. Bilan 1 : son rouge à lèvres violet pailleté et son legging lamé la rendent classe. Évidence : elle a bourlingué et sa chatte a été plus visitée que la Tour Eiffel. On prétend que c'est une ex de Jérémy Ménez. À sa place, je ne m'en vanterais pas. Bilan 2 : elle va tout tenter pour attraper le 5B. Même si elle y arrive, je veux passer avant elle.

TABATHA. La Wag du 4 est aveugle, sourde, muette et amnésique tant elle a été trompée et humiliée par son mari. Qui m'a sautée lors du déplacement de l'été dernier à Singapour avec la Wag du 21 qui était avec le 7 il y a un an. Le 4 est un serial fucker. Tout le monde le sait, même Sepp Blatter... Un énorme queutard, ce numéro 4.

En résumé, en plus de moi, il y a trois filles. Concurrentes et sans pitié dans la jungle de la séduction.

La même obsession à conclure coûte que coûte. Faut bien que vous réalisiez que la Wag peut être une ultralibérale du cul, tous les coups sont permis. Étrangement, elle est communiste dans ses déplacements. Elle aime le groupe, la bande de filles, la promiscuité, le côté colo.

Les autres joueurs sont venus seuls. Ils ont décidé de mettre leur queue en sommeil. Histoire de retrouver un peu d'influx... Ça, c'est la version officielle débitée à leur meuf... En vrai, ils ont décidé de payer des call-girls pour avoir un SAV minimum.

Ça vous plaît ?

C'est violent, je sais.

Vous vous dites que parmi vos icônes du ballon rond, il y a des mecs bien, des fidèles. Et que parmi ces femmes de champions, il y en a des sincèrement désintéressées. Des femmes qui vibrent quand leur moitié rentre sur la pelouse et est acclamée par une ola de 40 000 spectateurs scandant son nom. Oui, je connais ça. C'est grisant. Ça me rend fière et jalouse. On se dit que c'est un peu pour nous. On se dit surtout qu'il ne nous appartiendra jamais totalement. Qu'il est fait pour être partagé.

Je ne réponds pas à la première question. Y a-t-il des footballeurs fidèles ? Arrêtez de vous ronger les ongles. Vous vous en doutez mais vous n'osez pas le lire.

Réponse : même le plus fidèle des footballeurs trompe sa femme, même s'il en est raide dingue amoureux. Ça vous perturbe ça ?

Développement : tous trompent, oui. À part une ou deux exceptions. De toute façon, ceux qui ne trompent pas sont considérés comme des mecs bizarres. On dit que c'est des pédés. Pédé, c'est le pire mot pour les footballeurs. Le football est un milieu profondément homophobe et d'une violence qu'on ne peut même pas imaginer. Il ne faut pas être pédé. Il y a un attaquant français, un mec qui a visité quasiment toute la Ligue 1, son nom commence par un M, on a beaucoup dit ça de lui. Et donc ? Les mecs qu'on a toujours soupçonnés d'être un peu homos, ce sont eux qui niquent le plus de meufs. Parce qu'il y a cette violence-là, la haine du mec différent. Il faut que tu sois dans le moule.

Je balance des noms

Ce sera à mon éditeur de jouer à Motus. Dans les effectifs du PSG, de l'OM et de l'OL par exemple. Qui bouge ?

J'évacue immédiatement l'exception, vu que vous ne pensez qu'à lui.

Ibra. @Ibra_official, 2,6 millions d'abonnés. Ben lui, c'est l'exception justement. Ibra est fasciné par sa femme. Quand il l'a rencontrée, elle était très riche. Elle a monté une société toute seule, elle n'en a rien à foutre de son argent. Helena Seger, c'est mon idole. Elle a onze ans de plus que lui. Quand ils étaient en Suède, ils habitaient à côté. À chaque fois, il coinçait sa voiture devant la sienne, elle ne le calculait pas. Il la regardait, elle, elle l'envoyait un peu chier.

« Je crois qu'il a été intrigué par mon comportement le jour de notre rencontre. Il avait garé sa Ferrari devant ma Mercedes cabriolet, ce qui m'empêchait de sortir. J'ai vu son grand nez et sa montre en or, ça m'a mise de mauvaise humeur, alors je lui ai demandé de se dépêcher de bouger sa voiture. » Super ambitieuse, Helena. « J'ai acheté ma première maison à 25 ans, je voulais un manoir, quelque chose de luxueux. Avoir de l'argent et une carte de visite qui impressionne. Ce sont deux récompenses pour moi qui ai beaucoup travaillé. »

Avant de suivre Ibra (ils ne sont pas mariés) dans ses différents clubs, Helena était directrice marketing d'une grosse compagnie aérienne, Fly Me, et a aussi animé une émission pour les enfants sur la télé suédoise.

C'est une fille brillante. Une businesswoman qui a un peu laissé tomber sa carrière pour venir avec lui à Paris. Elle l'a fait progresser. Il y a des femmes qui élèvent leur mec. C'est très rare. C'est là que je considère qu'il a des couilles, Ibra. Les mecs qui n'ont pas de couilles mais qui sont des grands joueurs ont des femmes qui sont des « mammas ». Comme deux immenses attaquants africains que j'ai très bien connus. À côté, ils ont des histoires avec des filles sublimes, mais ils ne quitteront pas la « mamma ». Ils n'ont peut-être pas leur maman avec eux et donc elle la remplace. Ils en ont besoin pour pouvoir exister. Je trouve que c'est avoir des couilles, quand tu es un joueur de foot qui a tout comme Ibra, d'être avec une femme qui est un peu au-dessus de toi. Elle reste au-dessus de lui. Ce n'est pas une beauté, elle est un peu refaite. Mais elle en impose grave.

Visiblement, son alter ego marseillais, Gignac, @10APG, 300 K abonnés, n'est pas dans le même trip. Une de ses ex, Stéphanie Le Menarch, a même été une Wag bien relou.

Souvenir glané sur le site de *So Foot* :

Décembre 2012, Stéphanie Le Menarch est condamnée à 4 000 € d'amende pour fraude au Revenu de Solidarité Active. Depuis 2010 et sa rupture avec Dédé, elle recevait le RSA, la CMU et la CMU complémentaire en plus des transferts effectués par l'attaquant de Marseille sur un autre compte et allant jusqu'à 9 000 € par mois. Généreux, l'ancien Toulousain désormais Marseillais couvrait également tous les frais de la belle Audi Q5 de son ex. L'escroquerie a été découverte quand Stéphanie a récité par cœur à la police la liste des objets volés lors d'un cambriolage survenu quelques jours plus tôt au domicile de Gignac, le tout pour un total de 200 000 €.

Est-ce que l'affaire lui a servi de leçon ? Demandez autour de vous.

Les autres...

Lavezzi, @PochoLavezzi, 3,3 millions d'abonnés, bah, vous avez vu les photos comme moi, le mec est chaud comme la braise.

Attaquant renoi, minimum 50 000 bébés. Il a une copine, il a des enfants. Mais il repeuple sa région, c'est sa vocation.

Beau gosse du Sud, n'était pas posé, a rencontré une fille qui était hôtesse au Costes. Il est avec elle et je pense qu'il ne la trompe pas.

Autre beau gosse : lui a un enfant mais il est tout jeune, avec un tempérament de feu, donc il est aussi bouillant que sur le terrain.

Attaquant racé, international, plutôt sérieux. Mais pareil, il a divorcé de son ex avec qui il a deux enfants. Là, il a une nouvelle copine. Entre-temps, il s'est un peu tapé des meufs.

Milieu de terrain, international lui aussi. Ne paye pas de mine mais... Oui, grave. Il est marié avec une fille très jolie. Il a même eu un bébé avec elle. Et pourtant il envoie. Le soir d'une grosse victoire, il baisait une copine. Attention, je ne juge pas. Je suis pareille. Je suis incapable d'être fidèle. Ces mecs, même s'ils aiment leurs meufs, ça ne change rien. Je peux le comprendre puisque je suis comme ça. Cela ne change rien pour moi aussi. Et d'ailleurs je ne vois pas le rapport. Tu peux rester fidèle pendant un moment mais pour moi cela ne dure pas.

Cela ne veut pas dire que c'est un queutard. Il ne nique pas non plus tout le temps. Ça se présente, il le fait. Après, il y a des mecs qui ne pensent qu'à ça. Ça, c'est encore autre chose.

Je sens que vous êtes fascinés, horrifiés, écœurés...

Ça m'excite.

Ce livre va vous faire voir le football différemment.

Mon histoire vaut le détour

Je suis arrivée à Londres pour faire des photos de lingerie en 2002, puis des photos sans lingerie, la même année. J'ai vite compris que ma carrière dans les carrés VIP des boîtes de nuit avait plus d'avenir que celle devant les objectifs de vieux photographes libidineux en quête de sexe facile. Le sexe facile, je n'ai jamais rien eu contre, mais à l'époque, dans toute l'insolence et l'irrévérence de ma jeunesse et de la fermeté de ma peau satinée (cette phrase, c'est mon éditeur qui l'a chiadée), j'ai préféré me concentrer sur celui offert par les stars du ballon rond. C'était nouveau à l'époque. Pas encore *hype*. La plupart des nanas jetaient leurs cuisses sur les acteurs et les chanteurs, le marché était saturé, fallait se diversifier.

Here I am! J'ai choisi les joueurs de foot. Sans doute parce qu'à cette époque, ils commençaient aussi à émerger dans les tabloïds. Ils avaient du fric et des grosses envies. Peu d'homos, contrairement au showbiz où beaucoup de chanteurs acceptaient de se faire tripoter par une hystérique en Alexander McQueen sous les ordres de la maison de disque. Pour les finir, la dinde était souvent virée par le minet imberbe. Non, définitivement, j'ai compris avant toutes les autres le nouveau phénomène que serait la Wag. Qui sait, peut-être l'ai-je inventé ? Et créé la vocation chez des centaines d'autres jolies nanas peu farouches à travers le monde ?

Faut que vous sachiez qu'avec le footeux, mon train de vie a changé. C'était spectaculaire. Je jouais enfin dans la cour des grandes. Le taxi de retour était prépayé. Le loft non chauffé du futur Steven Meisel (un photographe de mode, le top du top, bande d'ignares) avait moins de charme et plus d'échardes que la suite présidentielle sur Park Lane. Les capotes étaient même fournies par le room service, pas besoin de passer dans un drugstore à l'arrache parce que le génie de l'argentique n'avait plus une thune.

On me baisait façon porno, puis on me jetait, mais au moins je me retrouvais dans le lobby du Dorchester, du Claridge's, de l'Eden, du Ritz, je buvais des gin tonic en me demandant si un broker célibataire de la City rapportait plus qu'un Paul Gascoigne marié avec la biture et une femme prétexte... Autrefois, j'ai un peu donné dans le Nasdaq, mais les mecs de la finance étaient paranos et volatiles. Fallait signer des décharges avant de niquer. Et surtout, c'était un placement cul sans traçabilité. Pire qu'une assurance-vie dans les îles Caïman. Le loup du Footsie était assorti à sa bulle spéculative, il se levait à New York, déjeunait à Paris, pionçait à Tokyo et baisait mollement à cause de la dope. Je n'avais pas de prise sur son agenda, sa libido, son dressing. Ça me rendait hystérique.

Au moins, le footeux, je savais où il était. Dans quel club, pour quelle période et surtout à quel tarif. Je savais s'il était blessé, s'il cirait le banc, s'il jouait le feu. Je savais si son dernier test VIH était clean en donnant un bifton au médecin du club. Je connaissais son salaire, ses équipementiers, ses sponsors, ses primes de match. Je savais s'il était international ou national. Je me doutais que pour la conversation et le travail d'approche, c'était le néant. Le footeux était un plan tout bénéf. Au pire, la baise était une baston. Au mieux, il devenait accro et raquait un max. Entre les deux, un panel tellement large que je ne me suis jamais mariée et je n'ai jamais eu d'enfant... Quelques IVG tout au plus.

On est beaucoup dans ce cas.

Quand je vous raconte ma vie, je n'ai aucune aigreur, aucun regret. Je sais d'où je viens, pourquoi je l'ai fait et ce que j'ai construit. Quand je regarde l'heure sur ma Hublot Big Bang or rouge à 33 000, je pense à Manchester United. Quand je cherche mon gloss dans mon fourre-tout en requin orange Dolce&Gabbana à 12 000, je me souviens du Real Madrid. Quand je repense à mes vacances au Delano à Miami à 50 000, je visualise l'antre de la Juventus de Turin.

Pas mal, non ? Ça vous fait pâlir d'envie, pas vrai ?

Non, vous me trouvez ignoble. Mais vous savez, il faut du cran pour se comporter comme ça. Ça demande des sacrifices. De renoncer à pas mal de choses, de mots, de déclarations. Dire « je t'aime » à un footballeur, c'est pire que lui balancer un carton rouge en finale de Coupe du monde. L'humiliation. Pour lui, et pour l'arbitre qui s'est bien vautré sur ce coup-là.

J'ai dit « je t'aime », je l'ai trop dit... Attendez, à la fin peut-être, si vous êtes dignes de confiance.

Dubaï, ça déchire

C'est pour ça que j'ai tout fait pour m'incruster. Mon attaquant a hésité entre moi et Margarita, une Wag avec un nom de pizza. Margarita a eu une merde avec son passeport au dernier moment. Quelle truffe. Elle ne sait pas qu'une bonne Wag est béton armé en date d'expiration.

Dubaï, chers lecteurs... Combien d'entre vous ont déjà posé leurs pieds là-bas ? Y a pas de charters, là-bas. Pas d'hôtels miteux, pas de camping. C'est le tourisme pour les blindés. Entre Las Vegas, Disneyworld et Hong Kong... Le mauvais goût érigé en patrimoine national. Le bling-bling comme culture. Le temple du footballeur. La succursale de la Wag.

C'est la septième fois que je viens ici en dix ans de carrière. Un attaquant, deux milieux de terrain, deux défenseurs, un gardien de but, un coach. J'ai sucé à l'Atlantis, sucé au Hyatt Regency, sucé au Sheraton Creek, sucé au Taj Palace, sucé au Al Ghurair by Rotana, sucé au Raffles, sucé au Fairmont, sucé au Millenium... Je considère ma vie à Dubaï comme une immense fellation. Sans doute le côté gratte-ciel.

Vous lisez et vous être outrés. Vous vous dites que je suis une pute, une salope, une *bitch*, une sale fille. Je ne mets aucune morale nulle part, moi. La Wag est complètement amorale et athée. Elle ne croit qu'en sa beauté, sa séduction agressive, sa nocivité pour mettre les footeux à genoux, même si c'est plus moi qui l'ai été.

Une pute fait payer ses passes. Moi, j'ai fait payer tous mes à-côtés. Fringues, tocantes, sacs, cuissardes en croco, billets d'avion en classe affaires... Je fumais une dernière cigarette via Veneto avec le chasseur qui avait déjà appris par ses collègues du soir que j'étais le tapin non rémunéré de l'attaquant du Milan AC ou du gardien de but de Naples. Peu importe ma réputation auprès des fauchés. Moi, je ne pouvais jouir ou simuler efficacement qu'avec des potentiels Ballons d'or. Je ne me donnais qu'aux têtes de gondole Ligue des Champions. Ma devise, toujours brancher plus fort, plus riche, plus connu, plus lourd.

Ça, c'était avant. Aujourd'hui, si je me tape la nouvelle recrue, ce sera vraiment un coup de bol, trop de buée dans le hammam.

Si le 5B m'avait connue avant, il aurait moins fait la fine bouche. J'ai eu la planète football à mes pieds. Une vraie tête de gondole. LA Wag. L'étalon Wag. J'enquillais les footballeurs millionnaires comme eux les tours de stade. Je faisais partie de la short-list des bombes à footeux. Nous étions une petite vingtaine, pour la plupart des sud-américaines : mexicaines, portoricaines, colombiennes, des corps d'enfer, charnus et gorgés, des bronzages rodés en bêta-carotène, des courbes et des nichons pour fournir YouPorn sur une décennie, et surtout et avant tout, un don pour la fête et la nuit. Jamais aucun état d'âme... Comme moi, mes principales rivales et néanmoins amies avaient côtoyé l'extrême pauvreté et la violence dès leur plus jeune âge. C'est la séquence émotion du livre, je vous préviens. Sortez les mouchoirs. *Slumdog Millionaire*, à côté de nous, c'est le Parc Astérix. On était passées à quelques centimètres du trottoir ou de la morgue. On s'était échappées de São Paulo, de Mexico ou de Bogota comme mannequin, danseuse, stripteaseuse, playmate, lap-danseuse, des métiers éphémères qui nous permettaient de voyager et de connaître l'Europe ou les États-Unis, notre putain d'eldorado.

Ça y est, vous pleurez ?

Bien rodé mon petit CV Cosette, hein ? Je sais le dire en anglais, allemand, italien, espagnol, portugais… Ivre ou sobre.

La bonne Wag est une belle mytho. Elle dit ce que le footeux a envie d'entendre. Elle lui sort ses fantasmes sur un plateau. Mon père est d'origine argentine. Ça fait chic dans la bio. Pas joueur de polo, mais bon, avec une arrière-grand-mère qui savait vaguement danser le tango au Cumparsita Club, 194 rue Charles Kaddouz, 13012 Marseille.

Vous voulez le téléphone ?

Attention, vous n'êtes pas vigilants. Vous avez foncé tête baissée dans ma première envolée lyrique sur mes origines latines.

À partir de maintenant, je vous dirai la vérité, toute la vérité, rien que la vérité.

Je ne peux pas en dire autant pour mes copines de voyage. Celles du 4, du 6, du 19… Mais promis je ferai le tri, et ce que j'écrirai, c'est ce dont je serai certaine.

Il fallait juste que vous intégriez cet aspect-là de la

personnalité Wag. Il y a toujours un peu de Paressant qui sommeille en chacune de nous.

Vous vous souvenez de cette fille ? Je vous ai ressorti un article sur elle dans *20 minutes*.

Lisez, méditez puis revenez me voir.

Chez Alexandra Paressant, tout est faux, sauf le nom et le prénom. Alexandra Paressant se présente comme la top-modèle française la plus demandée du moment et une mangeuse de sportifs millionnaires : Ronaldinho, Thierry Henry ou encore Tony Parker figurent parmi beaucoup d'autres sur son tableau de chasse supposé. La réalité est beaucoup plus crue. Les seuls titres de gloire avérés d'Alexandra Paressant sont une place de quatrième dauphine de Miss Bourgogne junior et une aventure avec Fabrice du Loft 1. Pas vraiment le niveau Champions League.

Mardi, Alexandra Paressant a été interpellée au domicile de sa mère au Creusot (Saône-et-Loire) pour « escroqueries, vols et utilisations de chéquiers volés, voyages réguliers dans les TGV sans titres de transport, non paiement de loyers pour un appartement dans le XVIe arrondissement à Paris », rapporte Le Parisien. *Une expertise psychiatrique a été ordonnée à son encontre.*

Le cas Paressant relève bien de la mythomanie et du hoax. *Depuis l'été 2006, la petite Bourguignonne affole le Web et la presse people.* Bild *et* The Sun *présentent alors Paressant comme la créature qui a occupé les nuits de Ronaldinho lors du Mondial 2006. D'autres noms suivront, le dernier en date étant celui de Tony Parker. Trois mois après son mariage avec Eva Longoria, le basketteur doit se fendre d'un communiqué officiel pour démentir sa liaison avec la venimeuse Paressant. Parker et ses avocats l'attaquent elle et un site américain en justice, exigeant 40 millions de dollars de dommages et intérêts.*

L'imposture ne va durer qu'un temps. Dès novembre 2006, le magazine So Foot *lève le voile sur l'escroquerie. Une certaine Olivia Ducreu, qui se présente comme l'agent de la « star », propose au journal une interview croustillante de l'ex de Ronaldinho, moyennant finance. Intrigués, les journalistes du magazine enquêtent et découvrent l'imposture. La plantureuse brune – dont la presse people et le Web font circuler les photos incendiaires – s'avère être différents mannequins dont Paressant s'est procurée le book. D'ailleurs, il suffit de visiter sa page Myspace pour se rendre compte que son corps et son visage varient d'une photo à l'autre.*

Pire encore, en début d'année une enquête de 50 minutes inside *sur TF1 démontre que Ducreu et Paressant sont une seule et même personne, comme le laissait déjà entendre* So Foot. *Si elle n'a sans doute jamais partagé le lit de Ronnie ou de T.P, la jeune fille a bien hanté les halls d'hôtel des clubs français. « Elle s'était fait passer pour une animatrice de M6 et franchement, elle n'est pas terrible », témoigne anonymement un footballeur dans l'enquête de* So Foot. *Peut-être pas terrible, mais ils sont quelques-uns à avoir gobé ses histoires à coucher dehors.*

J'ai sans doute mieux menti qu'elle.

Je vais vous raconter ma première fois

Pour me faire pardonner ce seul et unique mensonge des origines, je vais vous raconter mon dépucelage en mode Wag. Enfin, « wannabe Wag ». Stagiaire Wag. Ou aspirante, c'est bien aspirante. Parce qu'on ne devient pas une Wag juste en se tapant un footeux. Ce serait trop facile.

J'avais choisi un défenseur brésilien. Un métis comme moi. J'avais joué à fond le côté communautaire. Gosse, il jouait au football pieds nus dans les favelas. Il avait déjà marché sur des cadavres, il avait connu les flingues à tout va, il connaissait aussi bien l'odeur de merde que celle d'Obsession dont il aspergeait son torse à raison d'un flacon par semaine. C'est beau, non ?

Alors que j'errais dans une salle de casting en attendant mon tour pour un catalogue Wonderbra, j'étais tombée sur un article dans *The Guardian*. Les pages sport. Qu'est-ce qu'il foutait là, ce supplément ? À part l'horoscope, la météo et la grille de Sudoku, je ne lisais pas grand-chose. J'ai été mytho avec mon éditeur, genre je kiffe les librairies... Quand on est gaulée comme moi, la lecture, on se dit que c'est de la maltraitance. Ce jour-là, je me rappelle très bien, l'accroche du type m'avait plu. Limite une phrase d'intello. Ou une invention de journaliste qui veut vendre son papier. « Je ne fais que des choses impossibles. Personne ne me résiste. » Il y avait sa photo juste à côté. Beaucoup de dents et un cou de taureau. Il y avait des détails de pognon dans l'article – genre appartement dément sur Hyde Park, Ferrari jaune pour être assortie au drapeau brésilien, il disait qu'il aimait *50 Cent* et le Cristal Roederer. Je lui répondais que j'aimais *Pilot* et Ruinard. Je me marrais en lisant *The Guardian*. Je m'imaginais parfaitement bien avec un mec comme ça. Du train de vie, une carrière au firmament pendant quelques années et moi, pour capitaliser, me rendre indispensable et être côté passager dans la Féfé le plus longtemps possible. Jaune, c'était vraiment pas possible comme couleur. Et pour une Argentine (ah ah ah), jeter son dévolu sur un Brésilien, c'était à la limite du pénal. Peu importe, j'avais ma *target*.

Mon plan était super au point. J'allais lui vider la tête et les couilles, peu importe dans quel ordre.

C'est comme ça que 90 % des « wannabe Wags » agissent et réfléchissent. C'est cruel, mais c'est la vérité.

Vous grimacez en me lisant, pourtant ainsi va le monde. Pouvoir, Argent, Sexe. Le football a tout pour lui.

Peut-être que ça vous étonne, mais je vous jure que j'avais ressenti un sentiment de toute-puissance en échafaudant ce plan. Londres pullulait de bombes atomiques sans scrupules, mais une seule bombe était aussi avancée et élaborée dans sa stratégie du footballeur : MOI.

J'allais dédier ma vie et mon cul à ça. Ce serait la seule ligne sur mon CV. Prédatrice de footeux riches et célèbres. Dans une semaine, il y en aura deux :

- Wag
- Écrivain.

La photo en page 2 du défenseur de Chelsea me souriait. C'était quoi ses prochains matches ? Dans quelle ville ? Liverpool, merde, la lose. Quel hôtel ? Suffisait d'appeler le club, le service de presse. Me faire passer pour une journaliste et demander où serait la conf d'après-match. Après tout, ça ne devait pas être plus difficile que pour les chanteurs, les acteurs, les mannequins. Il y avait des lieux attitrés pour chaque caste. Quels restaurants fréquentait-il ? Avait-il une femme officielle ? Des mômes ? Des plans cul occasionnels ou récurrents ? Des putes régulières ? Les soirées du club se déroulaient dans quel bar ? Fallait juste croiser son regard une bonne fois pour toutes et le gros du taf serait fait.

Le boudin du casting m'appelait pour que je vienne me foutre à poil. J'avais eu une grosse hésitation. Mon impudeur avait d'autres ambitions désormais. En gros, mon cul voulait être maté par des yeux en or massif.

La première fois était arrivée très vite. Restaurant italien San Lorenzo. 22 Beauchamp Place, quartier huppé de Knightsbridge. J'avais eu le tuyau par le voiturier. Le genre à bander quand il fait un créneau avec un bolide à six zéros. C'était le frère d'une de mes copines. Un mannequin russe qui s'était maquée avec un prothésiste dentaire. Riche pour le commun des mortels, mais fauché par rapport à ma cible de Chelsea.

À 21 heures, je m'étais pointée au restaurant avec John, mon booker. John, pédé obèse de Manchester. Peu d'espoir de progression sociale et sentimentale. Je lui avais fait miroiter sa venue comme une chance inratable. Il m'accompagnait et en échange, si j'arrivais à conclure avec le taulier de la défense de Chelsea, je lui reverserais 10 % de mes gains en nature et le prendrais comme secrétaire perso si je passais devant monsieur le maire. John avait marché. Il avait l'avantage de ne même pas rendre jaloux un clebs.

À 21 h 30, mon défenseur était arrivé beau comme un camion. Costard lamé Gucci. Sneakers Prada en lézard. Trois gros Blacks avec lui, casquettes vissées sur le 6. Et pas l'ombre d'une chatte épilée.

J'étais assise au bar. Parfumée pour le XXIe siècle. Plus cambrée qu'un tir à l'arc. Une robe alibi. Blanche, courte, aussi moulante que du papier alimentaire.

Je n'avais pas de temps à perdre. Entrée plat dessert, quelques autographes et photos avec clients de sortie, grosses rigolades avec ses potes. À l'époque, je ne connaissais pas encore suffisamment le football pour identifier les visages des autres mecs avec lui. Des collègues ? Des types pour la murge du samedi soir ? Des faire-valoir ? Un match se jouait en 90 minutes et je n'avais pas beaucoup plus pour changer le cap de mon existence assez merdique.

J'avais prévu de me lever, de jouer les ingénues, « Hello, mon petit frère est fan de vous, on pourrait faire une photo... » Pff, il devait faire ça aussi souvent que ses lacets, mais je comptais sur mon bagout latino et mon odeur de cul à renverser la table. Plans remaniés, le footballeur s'était levé. Idéal. J'allais pouvoir le choper dans la *powder room*.

Les gentlemen étaient d'un côté, les ladies de l'autre. Ni lui ni moi ne rentrions dans ces catégories.

C'est là que je réalise que je suis une Wag sur le retour. Je vous raconte mes mémoires. Ce n'est pas ma faute si je me souviens de tout. La vie de Wag rend hypermnésique. C'est ça qui rend accro d'ailleurs. La vie de Wag, c'est *bigger than life*. Tout est surdimensionné. Plus, mieux, ultra... C'est le règne du superlatif. Pas du *better*, mais du *best*.

Fermez vos yeux et imaginez. Enfin, lisez d'abord, puis fermez vos yeux et imaginez. Vos petites vies étriquées et vos libidos de SDF vont prendre cher.

Je m'étais approchée de l'urinoir comme si j'arpentais un podium Victoria's Secret.

– Hello, je m'appelle Manuela. Tu le sais pas encore mais on va baiser ce soir, demain soir, après-demain soir, dans un mois... Je te lâche plus, *baby*.

– Je... je peux pas, j'ai déjà un *date*...

– T'es mignon. Et donc, tu vas l'annuler. Je peux m'en occuper. Je fais bien la secrétaire aussi. Je fais tout bien. Genre la fille indispensable, tu comprends, champion ?

Il s'était marré. Un sourire de vrai pétochard. Dents fausses à 98 %. Pas l'habitude d'être pris par le calebard Armani et plus si affinités. Ce même type était applaudi par des dizaines de milliers de personnes tous les week-ends. Ce même type vendait des centaines de milliers de maillots floqués à son nom. Ce même type avait droit à un cordon de sécurité à l'aéroport à chaque retour dans son pays. Ce même type avait dix cartes de crédit, trois avocats d'affaires, deux agents. Ce même type était à ma merci parce que j'avais su lui parler comme jamais aucune femme ne lui avait parlé. D'habitude, la pouffiasse gloussait en frétillant du string. La jolie s'excusait presque d'interrompre sa partie de Final Fantasy VIII. Et si le footeux recherchait aussi du tempérament? Après tout, de quel footballeur l'histoire se souvenait-elle? Des bons élèves ou des garces? Sur qui faisait-on des films, des livres, des chansons? Kaká ou Maradona? Je suis fortiche en analyse sportive, et moi, pour être mal baisée par Maradona, j'aurais payé. Même moche, gros, camé, poivrot, en désintox ou en réhab... peu importe, j'aurais raqué pour être défoncée par une légende. C'est mon côté Wag jusqu'au-boutiste, mon penchant warholien. La Wag court après la célébrité, la sienne à travers celle de sa cible.

J'aime la nouveauté, la *hype*, le 5B, mais je suis épatée par les reliques, les icônes, les mythes...

– Tu me plais, tu comprends. Ça va être fort, toi et moi.

Vous suivez?

Je suis toujours sur ma première fois.

J'avais posé mes lèvres sur les siennes. Un baiser de fille de bonne famille, histoire de lui montrer que je savais me tenir au cas où je sois invitée un jour à la cérémonie du Ballon d'or. J'avais sorti mon crayon à lèvres et inscrit mon numéro de portable sur le carrelage immaculé, suivi d'un cœur pour le côté salope fleur bleue.

– Si tu me rappelles pas avant cinq minutes, tu vas rater ta vie. Alors sois pas idiot pour une fois.

Le type était un cador des pelouses, une star de la Premier League, et il avait filé droit comme un toutou. Ça m'avait appris beaucoup sur la psychologie du footeux. Enfin, sa psychologie avant que le phénomène Wag ne soit lancé et prenne de l'ampleur.

Partie théorique.

À lire ou à zapper.

Pendant une courte période, les femmes allaient prendre le pouvoir sur les hommes en crampons. Elles instrumentaliseraient ces icônes du ballon rond. Ce serait l'âge d'or de la Wag. Puis il y aurait la suite. La méfiance, la suspicion, la parano institutionnalisée, la femme-objet, la femme-trophée, le bout de chair, le fion de la semaine, la femme battue, la vieille abandonnée... Et les footeux plus starisés et mieux payés que les Brad Pitt ou les George Clooney redeviendraient les maîtres du jeu.

Fin de la théorie. Reprise de la pratique.

Alors que je me remettais du gloss Dior volé à la maquilleuse de mon dernier shooting pour les robes de chambre Marks & Spencer, je n'imaginais pas encore que je traverserais toutes ces étapes... et surtout que je me retrouverais encore dix ans après à me dorer la pilule à Dubaï.

Mais qu'est-ce que je peux faire d'autre ?

Je n'ai pas réussi à me faire épouser. Je n'ai pas réussi à tomber enceinte pour recevoir le chèque du silence et de la renonciation au test de paternité. Pourtant, d'autres l'ont fait. Une chanteuse et un ancien milieu de terrain. Un million d'euros pour renoncer au môme. C'était le tarif français pour une star du ballon rond. Moi, je n'ai pas eu ce bol... Alors que faire aujourd'hui ? Je n'ai connu que ça. La traque au footeux, la chasse à l'homme en crampons... Je suis une droguée des odeurs de vestiaires, des mises au vert, des ruses de sioux (expression de Wag vintage) pour s'infiltrer dans les lieux où traînent les footballeurs. Sourire, tortiller du cul, dire oui, oui, oui... La plupart font ça, moi j'ai mis la barre plus haut. J'ai voulu être une Wag Ballon d'or... Au final, je cachetonne à Dubaï et j'enregistre en loucedé mes fausses bonnes copines pour tout balancer dans un livre et passer chez Oprah Winfrey. Ouais carrément, Ardisson et Ruquier, ça ne me suffit pas.

Pourquoi arrêter alors ? Je pourrais me trouver un vieux pied carré en contrat en Chine ou en Inde. Mais j'ai des goûts de luxe... Je n'aime pas les stades sans ola. Les mecs qui n'ont même pas leur tronche dans un album Panini ou qui ne sont jamais choisis par les gamins pour jouer à FIFA 15.

Comment arrêter ? Je ne connais pas de centre de désintoxication pour les Wags. J'ai passé l'âge de poser devant les objectifs, passé l'âge d'espérer devenir présentatrice télé, passé l'âge de participer à un *reality show*, sans talent pour être comédienne ou chanteuse, sans espoir de vivre une histoire d'amour plus palpitante et lucrative que toutes celles de ces dix dernières années... Il reste les coaches vedettes, mais eux aussi prennent de plus en plus jeune.

Alors je me demande ce que je vais devenir. Mon livre... Mes secrets, mes révélations, les grossesses cachées, les plans cul en contrebande. Je détiens des infos à faire imploser le football européen.

Plus fortes que les brèves dans *So Foot*.

Gascoigne :

Sheryl est le genre de femme qui conserve le nom de son ex-mari pour le prestige. Avec Paul Gascoigne, la blonde en a bien profité. Et pour être honnête, ça n'a jamais vraiment été le grand amour entre Gazza et son ancienne moitié, puisqu'il avait parfois la main lourde sur elle. Un divorce et c'est l'hécatombe : le fantasque footballeur aurait perdu la bagatelle de 17 millions de livres. « Je paye une pension pour deux enfants qui ne sont pas les miens et qui vivent dans une maison à un million et demi. En fait, je n'aurais jamais dû entrer dans ce bar et ne jamais la rencontrer. Quand j'y pense, c'est la cuite la plus chère de ma vie. »

Giggs :

« Elle était la seule chose que je possédais et qu'il n'avait pas, alors il l'a prise. » Quand il se confie au Sun, *Rhodri Giggs l'a encore mauvaise. Ryan Giggs, avant 2011, c'était le modèle de perfection. Fidèle à son club avec qui il a tout gagné, marié et père de deux enfants. Pourtant, en quelques jours, deux révélations vont anéantir cette jolie réputation. Giggs prend un premier coup quand Imogen Thomas décide de balancer son idylle avec le Gallois dans la presse. Premier scandale. Mais le plus fou est à venir : « Quand j'ai appris qu'il avait également fauté avec Imogen, ça m'a réellement blessée. (...) Dans cette histoire, il n'a pas que trompé Stacey (sa femme, ndlr), il m'a trompée moi aussi. » Ces paroles, ce sont celles de Natasha... Giggs, la belle-soeur de. Balancé deux fois par ses maîtresses, le gaucher avoue finalement avoir entretenu une relation avec sa belle-sœur pendant huit ans.*

Bridge :

Pendant ses cinq années en Blues, Wayne Bridge s'est lié d'amitié avec son coéquipier John Terry. Mais ce que le petit Wayne ne sait pas, c'est que sa femme, Vanessa Perroncel, s'est aussi rapprochée de son capitaine, au point qu'ils lient une relation extra-conjugale de plusieurs mois. Alors quand l'affaire éclate au grand jour, c'est le bordel. Après des retrouvailles glacées entre les joueurs, la Française saisit la justice pour réclamer de l'argent à son ex. Si elle lui arrache finalement près de 2 500 000 €, elle aura le culot d'en demander 850 000 de plus. Dévasté, Bridge refuse sa sélection pour la Coupe du monde 2010 pour éviter Terry. Il végète désormais à Reading.

Tous ces trucs-là, c'est éculé, vous avez lu, vous connaissez, vous êtes même habitués.

Moi, j'ai un cahier avec la taille de toutes les queues, et la durée avant une éjaculation de cinq Ballons d'or. Je connais l'haleine de plusieurs numéros 10 et le goût de quelques 5, 7, 11 et 26…

Pas de panique, cher éditeur. Je vous coûte un bras mais j'ai compris le brief. Je dois mettre des pseudos partout. Utiliser des subterfuges de malade pour ne pas aller au procès. Mais on va s'amuser. Je vous assure, vous ne serez pas déçu par le voyage. Comme dit le proverbe, le mensonge est une autre vérité.

Même aujourd'hui, alors que j'ai décidé de me mettre à table, vous ne saurez pas comment s'appelle le petit miracle qui était assis il y a deux heures en 5B.

Je peux juste vous dire qu'il va passer par la case Manuela.

C'est une question d'honneur.

Je dois quitter le business de la Wag après un grand rôle. Un dernier tour de piste magistral. Je sais que quand je le sucerai, je jouirai... Derrière sa queue offensive mais maladroite, je verrai un compte en banque à sept zéros. Je ne suis pas pire que les autres, je suis honnête, franche... Si d'autres Wags prennent la parole pour me dézinguer et dire que ce bouquin est à charge... je compte sur vous pour être juges.

Je tire sur ma cigarette électronique

Goût vanille. Aussi dégueulasse qu'un Slim Fast. Si c'est à ce prix que je dois perdre les trois kilos qui ont atterri sur mon nombril depuis janvier, je suis prête à sniffer toutes les gousses de vanille de Madagascar.

Je souris. 39 piges, on m'en donne combien ? Moi qui ai toujours fait plus jeune que mon âge. Le sport de haut niveau fait vieillir précocement. Autant les champions que leurs conquêtes.

J'en étais où ? Le San Lorenzo, le film n'a pas pris une ride, lui. Je me souviens de cette première soirée de chasse dans les moindres détails.

Après les présentations de la *powder room,* j'étais repartie au bar. J'avais siroté mon cocktail d'un air détaché, pendant que John, mon booker, essayait de brancher le barman. John puait l'échec, pas moi.

Le portable avait vibré au bout d'une minute et 48 secondes. Le salaud, il en avait mis du temps.

– Tu sais pas lire, c'est ça. Tu as demandé à tes copains de te faire mon numéro.

Rires timorés.

– Alors dis-moi, on se retrouve où, *darling* ? Je suis pressée, j'ai pas bouffé et j'aimerais autant rester seule avec toi. Tes potes sont pas assez bien pour moi.

Il avait bredouillé une adresse. J'avais fait mine de ne pas comprendre.

– Je connais pas ton hôtel, lapin. En revanche j'aime beaucoup le Savoy. Une suite, ça me semble le minimum pour faire les présentations. Tu te grouilles et je t'y retrouve dans 45 minutes. Tu n'as qu'à laisser mon prénom au concierge. Manuela. Je te plais autant que mon prénom, pas vrai *honey ?*

Je ne connaissais pas le Savoy. J'avais juste lu dans les pages adresses people du dernier *Elle* que c'était l'endroit préféré de Gwyneth Paltrow pour boire un thé tellement diurétique que forcément il devait être bon pour la santé.

À peine une heure plus tard, j'avais poussé la porte de la chambre 567. Il était assis sur le canapé devant un match de hockey sur glace. J'avais commencé à me déshabiller. J'avais mis la musique à fond, Beyoncé, *Crazy in Love*, ouvert le minibar et dégommé le magnum de Dom Pérignon.

Puis je m'étais frottée à lui.

– Attrape-moi.

Je lui servais tout sur un plateau. J'allais me faire baiser comme dans un clip de rap. Il fallait que je l'accroche, que je le harnache. Que je sois une expérience unique. Que la baise après moi soit fade et sans saveur.

Alors que j'étais en train de le sucer, je me récapitulais le salaire et les primes du Brésilien.

Vénale ?

J'aurai un compte Twitter à la sortie du bouquin : @JesuislaWagM. J'attends vos réactions. Mais ne me décevez pas.

Sa bite était énorme, pourtant il ne se passait rien. J'ai très vite compris que les footeux sont globalement nuls en baise. Ils sont dans les films de cul, ils ne sont pas dans le plaisir. Ça a été un défi pour moi au départ d'apprendre aux footeux à ne pas simplement reproduire le fantasme des films de boule où le mec a juste un énorme braquemart et il défonce. Mais très vite, j'ai renoncé. Le footeux ne sait pas placer un clitoris sur une carte. Le sexe élaboré, ce n'est pas pour lui. Le doigt dans le cul non plus. Ça fait trop pédé. Alors j'ai pris mon plaisir ailleurs. Juste dans le fait que le joueur soit contre moi, qu'après je garde son odeur, son goût.

C'est au-delà de tout en fait.

Ça vous étonne, hein ? Vous pensiez que c'étaient des ténors de la baise. Ben non. Les footeux veulent consommer de la meuf et du cul, mais en même temps ils sont nuls à ça. Ils sont là, ils pinent, paf ils pinent, paf ils pinent. Pas de préliminaires.

Et moi j'ai fait semblant. J'ai tiré ma jouissance de mon mensonge, de mes faux cris.

– Vas-y suce-moi, beauté. Après je vais te défoncer. T'es ma petite cochonne, pas vrai ?

J'ai souri. Le Brésilien commençait à se lâcher. À cet instant, j'ai pensé avoir la main. Je voyais notre reflet dans le miroir du dressing. On était beaux, il me claquait le cul, il avait sans doute oublié mon prénom et encore davantage le prénom du *date* prévu initialement. Il ne pensait qu'à me démonter. Ça m'allait. Mon prénom, je m'en foutais. Je plaçais ma susceptibilité ailleurs.

Moi, c'est assez simple. Je jouissais de l'image que j'avais de moi-même en train de faire une œuvre pornographique. J'avais l'impression d'être une pute somptueuse, une salope haute couture. Ça m'a toujours excité, ça. Mais ce n'était pas du plaisir biologique. C'était seulement du plaisir dans la tête.

Le petit Brésilien allait devenir le premier d'une liste longue comme mes jambes. Le petit Brésilien allait devenir un régulier, puis un parmi les autres réguliers. J'ai couché avec un pourcentage honnête du vestiaire de Liverpool, d'Arsenal, du PSG, du Milan AC et de la Roma... Je suis mieux implantée que les fonds de pension américains.

Aucun orgasme pendant ces dix années Champions League. Des orgasmes cérébraux uniquement. Non, c'est faux, des orgasmes bancaires.

Ma soirée commence

Mon taxi file sur l'autoroute à sept voies qui nous conduit sur Al Sufouh Road vers Jumeirah Beach. Minuit. Ma soirée commence. Quand on va arriver à l'hôtel, mon attaquant va vouloir baiser sur Ne-Yo, *Lazy Love*, comme le 6, le 7 et le 19. Lequel aura la plus grande suite ? Le plus gros salaire ? Pas le mien. Qui est le meilleur buteur ? Pas le mien. Le plus gros vendeur de maillots ? Pas le mien. Merde, bordel, ma suite aura la superficie d'un T3. On défera les valises demain. Ou bien il laissera un bifton au Népalais orphelin qui rangera nos quatre malles Louis Vuitton.

Bon, donc ce soir, je vais y passer. Je suis venue pour ça, que les choses soient claires. La journée, quand il partira à l'entraînement, je ferai des longueurs de piscine, je prendrai des leçons de tennis avec un ancien G.O. qui a compris que les pourboires à Dubaï sont mieux qu'aux trois tridents de Djerba la douce, je prendrai un CDI au spa, j'irai dévaliser le *mall* de la Marina... J'irai avec d'autres filles. Celles du 4 et du 6... Je crois qu'elles n'auront pas un budget aussi extensible que le mien. Surtout la 4, parce qu'elle est vieille et empâtée et que si elle doit dépenser de la thune, c'est pour les gosses, mais certainement pas pour tasser son gros cul dans un maillot Missoni. Paraît qu'elle a chopé son mari avec une jeune poule. Une Wag toute neuve qui lui aurait retourné la tête... La Wag du 4 a pété les plombs et menacé de demander le divorce et de récupérer la moitié de sa fortune... Le numéro 4 a renoncé à la nouveauté. Il est courageux sur un terrain mais bon, quand il s'agit de la vie...

Le mien n'a pas eu besoin d'exercer son courage. Bobonne n'a jamais rien dit. Peut-être qu'elle ne sait pas. Elle préfère sa vie de femme *all inclusive*. Elles sont des dizaines comme ça. Vous voulez des noms ? Ah ah ah... Je vais balancer, rassurez-vous...

En terme de statut, c'est moi qui reviendrai la plus chargée. La Wag, ça la fait triper, d'être number one en oseille shopping. C'est comme meilleur buteur de Ligue 1. Je vais faire fumer la Platinum de mon pigeon chez Louboutin... La Wag du numéro 6 ne sait pas encore ce que c'est, Louboutin. La Wag du numéro 4 ne rentre pas dans du Louboutin...

J'ai un autre plan, plus pervers... Je suis une Wag machiavélique... Vous serez les premiers informés si ça fonctionne. En plus du 5B qui est mon objectif principal, je vais essayer de serrer la Wag du 6 dans le sauna. D'abord elle est craquante, et surtout si je peux foutre la merde dans sa tête et son couple, c'est toujours ça. Avoir accès à son footeux pour un plan impair ? *Why not!* Je suis une chienne au pieu et avec mes copines.

Eh oui, je ne vous ai pas tout dit. Depuis quelque temps, je ne peux jouir qu'avec des femmes. C'est d'ailleurs une pratique que j'ai expérimentée avec les footeux. Le fameux plan à trois. Deux meufs sur lui. Ou deux meufs qui se prennent et il mate. Ou deux meufs qui se lèchent et il filme.

La partouze, j'ai aussi connu ça. Tout le monde le sait, c'est de notoriété publique et donc pas un scoop. Pas la peine de censurer, monsieur HugoSport. C'est Vamp qui a lancé la mode. Il organisait ça pour ses copains du

PSG ou de l'Inter. Moi, je n'aimais pas être mélangée avec des putes. Je préférais organiser et recruter mes copines. J'ai toujours eu un petit côté directrice des ressources humaines. Mais Vamp était chouette. Un foutraque bon vivant. Un soir, j'étais avec lui dans un resto de São Paulo, je l'avais accompagné pour une fête en l'honneur des Corinthians, un hommage à la con avec des anciennes gloires devenues sourdes obèses et impuissantes. Vamp, je le suivais partout. Il me permettait de développer mon réseau, il n'était pas regardant, pas exclusif. C'était la baise placement « bonne salope de famille ». Après le dîner, Vamp avait consulté son portable : Fenomeno avait essayé de l'appeler une cinquantaine de fois. Il lui disait qu'il était dans le coin et lui proposait de prendre un verre avec lui à São Paulo en centre-ville. Évidemment, Vamp avait accepté. Je l'avais accompagné direct. Le roi du *night game* s'était pointé dans le restaurant que son pote Ro lui avait indiqué. Là-bas, on était tombé sur le phénomène, accompagné d'un garde du corps droit comme un «i» et de cinq magnifiques nanas qui devaient être des mannequins et que Vamp commençait à reluquer comme les sept merveilles du monde. Ro lui avait dit : « Le truc, c'est que j'ai bu quatre ou cinq caïpirinhas. Je suis un peu entamé. » Et Vamp avait répondu : « Dis-moi lesquelles sont des travestis et lesquelles sont des femmes, histoire de savoir où je dois m'asseoir. »

J'avais terminé la nuit avec Ro, Vamp et trois autres filles. De l'alcool, de la musique, Alicia Keys, *No One*, c'était vraiment le cas, n'être personne, ça faisait partie du deal... Des nanas qui hurlent aux quatre coins de la pièce...

Lobby de l'hôtel

La climatisation arctique. Une malaisienne badgée Sueyra nous accueille avec sa jolie tête de bonnasse. Je me rends compte que je ne conçois plus les femmes que comme ça. Wag or not Wag. Danger ou pas danger. Concurrente ou inoffensive. Mon attaquant me fait signe qu'il a mal à la tête. Avec un peu de chance, il s'endort avec une Corona devant un match de la CAN. Avec un peu de chance, je vais pouvoir récupérer le numéro de chambre du 5B... Avec un peu de chance, je vais passer six jours fous.

« Quant au présent, il était évident qu'Aurélie n'avait nullement réussi à s'engager dans une relation conjugale, que les aventures occasionnelles lui causaient un dégoût croissant, que sa vie sentimentale en résumé s'acheminait vers un désastre irrémédiable et complet. »

Michel Houellebecq
Soumission

CORALINE
12,5 K ABONNÉS

Je dois vous présenter les autres Wags

C'est ce que j'ai promis à l'éditeur. Mon folklore ne lui suffit pas, à ce con. Il veut de la Wag mariée, de la Wag maman, de la Wag divorcée, de la Wag *hard discount*, de la Wag labellisée, de la Wag people... et que vous vous trimballiez avec votre caddy dans mon supermarché.

Coraline, la prochaine dans ma liste, connaît super bien une Wag très connue. Elles ont le même coiffeur, le même coloriste. Bref, elles sont blondes alors qu'à l'origine elles sont brunes de chez brunes.

Pour être précise, la sœur de Coraline travaille dans un salon de coiffure qui voit le gratin des footeux de Munich. La sœur de Coraline s'est mariée avec un exportateur de bière. Bilan, elle se fait des pourboires comme des SMIC.

La dernière fois que j'ai enregistré Coraline, elle m'a raconté des trucs sympas.

Sympas = croustillants = chauds juridiquement.

Avantage de Coraline : elle se met facilement à table.

Autre avantage : elle a la mémoire d'un poisson rouge.

Autre avantage : ça va vous plaire.

La sœur de Coraline adore Wahiba

Et Wahiba, c'est une Wag à part. Historique et cerveau. Ça crève les yeux, que c'est elle qui tient le couple. Ils se sont rencontrés tout jeunes à Boulogne-sur-Mer. Il faut savoir que Franck a une histoire hyper difficile. Gamin, il faisait un peu les 400 coups. Là c'est chaud ce que je vous écris, je marche sur des œufs. Parce que Ribéry, il n'aime pas trop quand on parle mal sur lui. Alors je vais juste dire que c'était « un ado très agressif » : ça, c'est lui qui l'a dit, ça va être difficile d'attaquer.

@RiberyOfficiel, 51 200 abonnés. Tout le monde sait des choses sur lui dans le business du foot et des Wags... Des tas d'histoires circulent. Vous en connaissez certaines. Les autres, vous ne les imaginez même pas.

Pourtant, moi, Ribéry, c'est quand il veut. Et gratos. Les gens vont me prendre pour une folle, mais quand tu aimes le foot, tu ne vois pas sa cicatrice. Il est drôle, tu rigoles avec lui. Il peut avoir du charme. Il a le charme de la réussite. Il plaît à fond aux rebeus. Les gens me prennent pour une ouf quand je dis ça, mais je l'ai toujours trouvé sexy. Depuis le début. J'adore les mecs fracassés. J'aurais adoré le Bossu de Notre-Dame. Il est hyper méchant comme j'adore. Il est très cassant. Il est bien foutu. Il ne dit rien qui puisse le mettre en difficulté. Il ne passe pas pour un con vu qu'il ne parle pas trop. Il est beaucoup plus attachant que Nasri. Qui lui est très prétentieux parce qu'il est très intelligent. Samir, @SamNasri19, 2,55 millions de followers, sait où il va. Il fait attention à tout. Jamais pris au dépourvu. Pas le genre à faire un gosse comme ça, par exemple. Ni à faire avorter une meuf au pied de biche. Je pense qu'il aurait rêvé de me baiser, mais il ne m'a jamais baisée parce qu'il avait peur que je parle. Lindsay Lohan, @lindsaylohan, 8,9 millions de followers, c'est donc mieux que moi. Beaucoup plus confortable.

Cela dit, moi ça m'a bien fait rire cette histoire de Samir avec Lindsay. Je ne pouvais pas saquer sa meuf. Anara Atanes. @_Anara_, 31 000 followers sur Twitter, compte désormais protégé, allez savoir pourquoi. Née en 1988, Anglaise, origines espagnoles et portugaises. Repérée dès l'âge de 15 ans par une agence de mannequins, elle fait de courtes apparitions dans des clips de chanteurs de R'n'B et intègre les rangs de la prestigieuse firme de lingerie Victoria's Secret.

C'est elle qui écrit : « J'emmerde la France et j'emmerde Deschamps ! Quel entraîneur de merde ! » Une vraie Wag anglaise en quête de lumière, de notoriété et de footeux. Avant Nasri, elle aurait eu Freddie Ljungberg, Ashley Cole, Darren Bent, Jermaine Pennant, Kieran Richardson... Et Samir, ça ne lui pose pas de problème de passer sa langue après tous ces gars.

Je vous ai dit qu'en Angleterre, ce n'est pas pareil. On s'en fout du passé de la Wag. Nasri, il avait l'impression de récupérer un peu du charisme de Cole quand il la sautait, si ça se trouve.

Franck, il est un peu fracassé

Moi, j'adore les mecs fracassés qui peuvent être limite méchants. Promis, Francky, si tu dis oui, je serai discrète. Je ne parlerai pas. Pas un mot à la presse, même pas un mot aux autres Wags. Wahiba ne saura jamais.

Wahiba, faut voir comme elle le tient, son homme. Un pilier.

Pour bien comprendre, il faut connaître le contexte de la banlieue de Lille, où tu as beaucoup de mecs qui se convertissent à l'islam. Il se met avec une meuf qui a une famille qui est ultra présente, qui s'occupe beaucoup de lui. D'ailleurs, les conneries dont on a tellement parlé, le frère de Wahiba était là aussi. Elle est très matrone, Wahiba. Elle lui a fait tous les gosses. C'est une fille qui n'est pas vraiment un canon mais qui a maîtrisé Franck dès le début. Elle a un pouvoir absolu sur lui. C'est pour elle qu'il s'est converti à l'islam. Elle s'est fait relooker par Véronique, la femme de Zidane. Quand elles se sont vues pour la Coupe du monde 2010, elle lui a gentiment fait comprendre que ses dents, c'était pas possible. Elle lui a fait aussi des couleurs (avec la sœur de Coraline). Ça l'a aidée à prendre un peu plus confiance en elle. Quand elle rentre à Boulogne, elle a du succès, elle voit qu'il y a des petits mecs qui la kiffent. C'est elle la vedette là-bas maintenant, elle aide toute la famille. C'est pour ça que Wahiba est une Wag à part...

On l'admire toutes.

Fin de l'aparté.

Cette nuit, j'ai écrasé comme une merde

Mon attaquant est parti aux aurores à une séance de décrassage.

Il m'a fait une sorte de cunni agressif à 7h30 avec 2Pac au loin… Il maîtrise sa langue comme moi la panenka.

Douche express, maillot, paréo. Chaîne autour de la taille. Je suis entre la guirlande de Noël et le showroom Dsquared.

J'ai la dalle. Direction la salle du petit déjeuner.

Enfin salle, c'est pour que vous ne soyez pas dépaysés, disons plutôt une sorte de paradis avec des viennoiseries high tech, des smoothies fluo et des omelettes bioniques. Personnel au garde-à-vous. Rien à payer nulle part. Kiff intersidéral.

J'aime ce moment-là. Je rencontre les autres Wags qui s'emmerdent dans leur chambre et ça me permet de prendre des notes pour mon taf d'écrivain. Enfin des notes… Je suis plus dictaphone. Après, j'ai un pote qui retranscrit ce que j'enregistre. Je le paye au black. Ou en nature. Il est content de savoir que ma bouche a connu des champions du monde juste avant lui. Ça lui procure un frisson historique, lui qui n'a même pas de quoi se payer un abonnement au Parc.

Je regarde le ciel. Bleu couleur Blues. Je me rappelle ma nuit avec le numéro 11. Émotion en repensant à la taille de son sexe. Toutes les Wags passées entre ses cuisses l'appellent le rôti. Et elles sont nombreuses… Anastasia, Astrid, Beline, Claire… Je vous épargne l'alphabet en entier… Zoé.

Coraline me sourit niaisement.

– Yo. Fait trop chaud, c'est relou. Je dois me faire une queue de cheval, c'est con, ça va saloper mon brush.

La Wag s'installe toujours dehors. Elle aime le soleil. Elle veut se montrer, bronzer, revenir avec des marques sur les seins et le cul, reluquer autant qu'être reluquée. Et surtout ne pas rater une occasion de drague.

Ce matin, assise à une table ronde pour douze, il y a Coraline. Cherchez pas à la googliser, j'ai changé les prénoms des filles avec moi… Enfin je crois… Coraline, c'est la Wag du 6. Un prénom de purée en sachet. Coraline, celle que je voudrais bien pécho pour combler le vide.

Coraline n'a pas inventé le fil à couper le beurre. Elle s'occupe très simplement. En remuant son café et en lisant ses WhatsApp bourrés de smileys. Elle en devient excitante.

– Salut Manuela, bien *sleepé* ?

Coraline donne dans les anglicismes. Dialecte de la Wag haut de gamme qui a déjà fait une petite carrière en Champions League. D'ailleurs son compte Twitter c'est @CORALINE_FOR_EVER. Sans doute son addiction au fond de teint waterproof de Make Up For Ever offert gratos aux Wags lors de leur dernière soirée de lancement chez Faust.

Coraline adore poster des photos d'elle et de son numéro 6 dans leur ML, dans la piscine du Delano à Miami, dans la piscine du Costes avec Cannavaro, au défilé Givenchy avec Ludivine Sagna. À côté de Ludivine, Coraline ressemble à un gros boudin fauché.

– Oui, vite fait. Faisait une chaleur de bête. Il veut pas la clim, il a peur de se choper la crève. Quel bidon. (Bulle avec un énorme Malabar sans sucre. Explosion de la bulle. Respiration.) Il déchire ton maillot. (Mensonge.)

– Grave. Je l'ai acheté sur Ocean Drive, l'été dernier. Tu dis pas aux autres qu'il est 2014.

– Juré craché. (Mensonge.)

– Je suis au thé vert, tu te prends quoi ?

– Un Virgin Mojito...

– T'es trop classe comme meuf.

– Bah ouais je sais...

Le profil Coraline va vous faire marrer.

Je la connais assez bien puisqu'on se suit depuis deux saisons. On se parle en pointillé. Question de génération. En même temps, Coraline n'a pas besoin d'une ligne droite, le pointillé est suffisant pour cerner l'ensemble de sa complexité.

Coraline est très jolie. Commune, mais jolie. Pas dans la catégorie canon indiscutable comme une Irina Shayk, mais un porte-avion pour le commun des mortels comme toi, lecteur ou lectrice. En résumé, pas de quoi choper une star de la Premier League, plus de quoi briller avec le capitaine d'une équipe de Championship. Pourtant, elle a tiré le gros lot avec son 6. Sous des apparences de cruche, elle a établi un vrai plan de carrière Wag. Au dernier déplacement de l'équipe à Shanghai, elle m'a raconté sa vie. Un matin comme celui-là. Une longue matinée à tuer, comme toutes les matinées de la Wag en déplacement.

Oui, ça vous étonne...

J'ai un scoop pour vous :

Tu te fais vraiment chier quand tu es femme de joueur. Il faut savoir que ta vie est une merde. Quand tu n'as pas d'argent, désolée, mais tu te rends compte que c'est chiant de ne pas avoir d'argent. Mais quand tu as de l'argent, une fois que tu as acheté ce que tu voulais, tu te fais chier comme un rat mort. J'ai passé des journées à me faire chier. J'attendais le stade. Le stade, c'était la représentation. Le fait que ta meuf ne vienne pas au match, pour le mec c'est quand même dur. C'est comme si moi je devenais une star de cinéma et que mon mec ne voyait jamais mes films. Le joueur n'a pas envie que sa meuf lui parle de chaque action, mais au moins qu'elle lui dise : « Je suis désolée qu'il se soit passé ceci, cela, etc. » Il ne te demande pas une analyse statistique, mais il a besoin que tu partages ça avec lui. Un footeux, tu vis sa vie en fonction de ses matches. Tu es complètement dépendante de ce qui se passe sur le terrain. Si ton mec se prend 2-0, tu sais que tu vas passer une soirée pourrie, que tu ne vas pas sortir, qu'il n'y aura pas de baise. S'il gagne, ça va être cool, il va t'acheter un truc. Tu vis aussi avec l'entraîneur. D'ailleurs, à propos de vivre avec un entraîneur, j'en ai pécho quelques-uns aussi, et pas les plus moches. Je n'ai pas donné dans Ferguson ou Guy Roux.

Je crois qu'une de mes conquêtes vaut le détour, mais mon éditeur trouve que c'est hors sujet. Moi pas. Et c'est moi qui décide. Ne désespérez pas, je ne cède jamais.

À un moment, j'ai été avec un Africain qui jouait en Angleterre. Je vivais chez Harrods ! Un jour, il me demande d'aller au stade avec sa mère. Je lui avais répondu : « Je ne peux pas, elle est grosse ». Je n'avais pas voulu aller au salon VIP avec elle. Je m'en étais voulu après, mais c'était mon moment. Amadou et Mariam, ça me saoule ! Je buvais mes coupes de champagne, je kiffais. Tu es là, tu te montres, tu kiffes. Tu te regardes avec les autres filles. C'est pareil que les mecs dans le vestiaire. On se regarde, on regarde celle qui a le plus de trucs. Franchement, moi j'avais tout. Toute la panoplie Dior. Si j'avais pu me tatouer Dior, je l'aurais fait. C'était l'époque des sacs Selle, j'avais les bottes assorties. J'en avais pour 100 000 euros sur moi, j'étais la reine du monde.

Une reine qui se faisait chier énormément quand même. Une sorte d'emploi fictif.

Pour Coraline, tout se décide dans le métro

Coraline a pris connaissance du phénomène Wag lors d'un séjour linguistique à Londres. Elle est en Terminale, a déjà redoublé deux fois au lycée Charles-Péguy de Châteauroux – je m'en souviens parce que je l'avais enregistrée. Je préméditais mon passage à l'acte « Secret Wag ».

En gros, Coraline se décide à tout miser sur l'anglais pour s'extirper de son trou. Coraline rêve de faire une école de journalisme. Son physique de BTT (bonnasse tout terrain) peut lui assurer quelques stages dans des rédactions peu regardantes sur l'orthographe et la syntaxe, mais pour le reste ? Il faut qu'elle trouve sa voie médiatique, son domaine de prédilection, politique, économie, culture... Non, je blague... Au max, la météo. Dur. Le casting pour Canal Plus est trop sélectif, le style à être pistonnée, mais depuis Châteauroux, son piston est aussi merdique que le nouvel album de Lorie.

Station Hammersmith, un lundi vers 16 heures. Ses copains gloussent en matant la *playmate* en page 3 du *Sun*. Une rousse avec culotte ficelle et des seins homicide. Refaits mais efficaces les nibards, du D en silicone. Elle s'appelle Apple... Cette fille est dans le journal grâce à son corps. Un journalisme périphérique, finalement. Apple doit avoir le même âge, les mêmes mensurations... Des parents ? Ceux de Coraline, un conducteur de bus fan de la Berrichonne et une femme de ménage ancienne danseuse de flamenco pour l'amicale ibérique de l'Indre, ne connaîtront jamais l'existence de la page 3 du *Sun*.

Plus loin, dans les pages sport, elle voit une photo d'Apple avec un footballeur d'Arsenal. L'article, à la portée d'un niveau d'anglais de 5e compatible avec celui de Coraline, dit que c'est sa *girlfriend*. Ils ont été pris en photo à l'aéroport d'Heathrow au retour d'Ibiza. Coraline connaît l'Espagne, mais plus dans sa version Torremolinos et la studette minuscule que ses parents louent chaque été depuis ses dix ans. Tout près de Marbella, mais suffisamment loin pour ne jamais aller bronzer avec les millionnaires ni jamais apercevoir les yachts sans jumelles.

Devenir Wag est un accélérateur de particules

On prend l'avion comme le métro, le passe Navigo devient la Flying Blue Platinum. On oublie Zara et Mango au profit de Dolce et Dior. La seule chose qui ne change pas, c'est qu'on écoute toujours Rihanna, Jay Z et Shakira, ou Coldplay pour les cérébraux ou ceux qui jouent en Angleterre et font un syndrome Chris Martin… On écoute les mêmes playlists, mais avec un casque Beats plutôt qu'avec des écouteurs emmêlés tout pourris de cérumen. *Viva la vida.*

Je me souviens de la réflexion puissante de Coraline.

– Cette Apple, elle avait quoi de plus que moi, tu crois, hein ?

Et moi de la fixer comme une bagouse en toc de chez Burma.

Et Coraline d'enchaîner.

– Ben physiquement, rien. Le reste, on s'en tape, t'es d'accord ?

Stratégiquement, Coraline a tout pigé. Comme quoi. La Wag a une intelligence très sélective. Études expéditives dans une école de médias à Manchester, puis premier petit job pour une chaîne du câble. Café, photocopie, courrier, assistante de production… Apple est gaulée, sourit plus que la moyenne, suce « couilles *included* », accepte sans le moindre soupir d'avaler. Là, le coup du sort. La fille à l'antenne part en congé maternité. Apple devient la remplaçante idéale pour assurer les interviews décalées des jeunes mecs aux oreilles percées de City ou de United. Apple adore les diamants depuis sa plus tendre enfance. Cendrillon, Pocahontas, Anastasia... Balotelli est mieux qu'un Walt Disney. Et Wikipédia tellement pratique pour tout connaître sur les gens qui comptent.

Le plan est en marche. Coraline va faire la même chose qu'Apple. Coraline veut être Apple. Une Apple made in France. C'est évident. La télévision sera un tremplin professionnel et personnel. Un club de rencontres. Avec un *speed dating* plus sélectif, où tous les mecs sont jeunes, riches, célèbres et bien gaulés.

Coraline accepte d'abord un stage d'été au magazine *Paris Capitale*, puis pour le site francesoir.fr, enfin pour *Voici*. Jackpot ! Les Wags squattent les pages people. On décrypte le look de Victoria Beckham, @victoriabeckham, 8,3 millions d'abonnés, on commente le nouvel avion de chasse de Ronaldo, @Cristiano, 34,6 millions d'abonnés, on mesure le tour de hanches de madame Ribéry... Sous l'appellation Wag, il y a à boire et à manger. De la star officielle et indéboulonnable, de la pouffe kleenex, de la moche historique, quelques filles intègres qui doivent s'affranchir du cynisme et de la cruauté. Coraline, c'est la mignonne un peu toutou. Footballeur, c'est un métier. Wag aussi. Un métier très très difficile.

– Tu fais quoi cette aprèm ?
– Je dépense du fric. Toi ?
– Pas mieux.
– On y va avec les autres ou on reste toutes les deux ?

Seule ou avec toi, c'est idem, balourde. Tu as moins de conversation que mon chihuahua.

D'ailleurs elle me manque, ma petite boule de poils. *Emirates*. Parce que c'est la compagnie que je prends le plus... Et comme je ne pars jamais avec lui... C'est ma manière de le faire voyager.

– Tu as un budget illimité ?

Non.

– Ben oui. Toi ?

– Tu connais un footballeur grand seigneur, Manuela ? Moi, les mecs qui m'ont offert le moins de trucs, ce sont les mecs qui étaient blindés. Alors que quand je fréquente des mecs qui n'ont rien, ils m'invitent au resto. En gros, tu paieras si tu dînes avec Robben ou Messi. Tu te goinfreras à l'œil avec des pieds carrés de Ligue 2. Mais globalement, les mecs sont pas à l'aise avec l'oseille. Ils sont dans un truc un peu macho : « Je ne veux pas qu'on dise que je t'offre des trucs ».

J'aime bien Coraline. Elle balance bien comme il faut ? Du coup, je décide de *raiser*.

– Ne pas passer pour un pédé, ce truc de virilité. Combien tu en as eus, toi, qui acceptaient le doigt dans... ?

– Quoi ? Le tripotage de prostate ? Zéro ! Ils auraient l'impression de devenir des grosses tarlouzes. Ils préfèrent la bonne éjac faciale... Puis après, un peu d'abdos avant de s'endormir devant un clip de Booba.

– Pas mieux.

Je suis désolée pour cette partie un peu trash. Et encore, elle a été pas mal édulcorée par mon éditeur jésuite. J'ai voulu qu'on en parle, sinon c'est mentir sur la réalité du footballeur. Dis-moi comment tu baises, je te dirai quel style d'homme tu es. Luis Suárez se comporterait-il mieux au lit qu'Andrea Pirlo ? Et se comporter bien, ça veut dire quoi ?

Vous avez deux heures pour plancher. Allez, posez mon bouquin, appelez vos copines, vos mecs, faites-vous plaisir. C'est cadeau, c'est pour moi.

Je ne pense pas que la connivence entre Wags existe

Coraline m'exterminera si on se retrouve en concurrence face au 5B. (Le 5B, vous n'avez pas oublié, hein ? C'est la nouvelle pépite de l'équipe de mon mec.)

Plus d'amitiés, plus de copine pour la vie. La Wag, c'est *Swimming with Sharks*.

– T'as revu Nathalie, au fait ?

Nathalie. 35 ans. Française. Wag dépressive depuis que sa vedette italienne l'a basée pour une veline de Mediaset. Ursula, 18 ans et demi, un cul, une bouche, des seins, pas de QI. Depuis la médiatisation de sa liaison, entrée directement 3e au classement des Wags les plus « hot » de la planète. Un danger pour tout footballeur qui se respecte... ou pas...

Il n'y a pas plus fort que la veline. Elle broie le cerveau, casse les jambes et tord la queue du footballeur. Elles sont presque trop offensives, trop énormes. C'est une institution en Italie, sur les chaînes de Berlusconi, les velines sont de tous les programmes, à part peut-être les infos et la météo. En gros, ce sont des danseuses à peine majeures et extrêmement bonnes qui gesticulent dans le poste de télévision avant et après chaque jingle, magnéto, applaudissements ou coupure pub. Ça fait beaucoup de gesticulations.

J'ai connu une des velines de Marco Borriello, elle lui a flingué sa carrière tellement il la baisait... Un jour, il s'est fait choper pour dopage, il s'est défendu en disant que sa nana mettait un médicament sur sa chatte et qu'il l'avait bouffé...

Va te recaser comme Wag après ça.

Pareil avec Adrian Mutu, je le kiffais lui, super joueur roumain, super coup, Italie puis Chelsea... Là il se fait contrôler positif à la coke... Il avait tapé dedans car le dossier était tellement gros, une bombasse intergalactique, il avait peur de ne pas être au niveau... Sa carrière s'est terminée derrière...

Moi, mon plan de carrière, c'était juste en dessous de la veline. La Wag parfaite. Offensive mais pas destructrice.

Si le footeux arrête, craque, capitule, la Wag ne reste pas.

Il faut être à la fois irremplaçable et responsable.

En Italie, les clubs aiment influencer la vie privée des joueurs célibataires. Ils sont incitatifs et participatifs. Ils fournissent la femme et la maison qui va avec.

On en était où ? Ah oui, Nathalie.

– Non pourquoi ?

– Elle va super mal, il paraît. Avec les somnifères et les antidépresseurs, elle a pris 30 kilos et 30 piges.

– Un destin à la Loana...

– Oui, enfin Nathalie n'a jamais fait la couverture du *Elle*.

Il y a des métiers qui esquintent les organismes plus que d'autres. Le haut niveau, ça tue. Surtout pour les Françaises. L'Argentine ne fait pas de tentative de suicide pour un footballeur. Les Argentines sont respectées en tant que femmes de footballeurs. La femme de Dario Cvitanich est une star dans son pays. Les filles là-bas ont un nom, une carrière, des émissions télé. Elles ont confiance en elles. Ici, à part pour la Coupe du monde, la femme de footballeur est inexistante. Elle ne fait pas de couvertures de magazines. Tout juste a-t-on (formule un poil trop chiadée de mon éditeur) un peu identifié Ludivine Sagna et une poignée d'autres. Et encore, on n'est même pas capables de citer leurs noms, on les a juste vues deux ou trois fois. Ludivine Sagna, si elle était anglaise avec un footballeur anglais, ou si elle était uruguayenne avec un footballeur d'Amérique du sud, ce serait une star mondiale. Parce qu'elle est sublime, elle est rigolote, elle est intelligente... Même une Italienne ne se flinguerait pas pour un footballeur, elle a un statut à part, elle est payée par le club.

Je regarde mon vernis permanent. Rose. Je ne suis plus à la mode. Je renifle brièvement en regardant les mules léopard de Coraline.

Est-ce qu'elle aussi elle finira par se foutre en l'air pour son numéro 6 ?

Je rentre le ventre. Bref coup d'œil sur ma cellulite entre les cuisses. Je serai comment dans dix ans ? Plus un footeux n'acceptera de se vider dans ma bouche.

Même bourré ? Si, voyons, beaucoup cumulent les coups comme des miles et sont peu regardants sur la qualité de l'avion... Le *low cost*, les compagnies interdites ou qui décollent de Beauvais...

Question baise, le footeux voyagerait dans la soute

– Tu es heureuse, toi ?

– Tu déconnes, Coraline. C'est une vraie question.

– Moi, parfois, je me sens banale...

– Et donc ça t'empêche de kiffer, ma fille. Repense à d'où tu viens.

Sourire vaseux de Coraline.

– Après mon stage à *Voici*, j'ai cherché un job pour présenter une émission sur le foot, c'était mon rêve, j'étais venue à Paris pour ça... Pourtant le foot, je m'en fous...

– Moi aussi, qu'est-ce que tu crois. Mais comme c'est là où il y a les mecs les plus connus et pas prise de tête...

– Je voyais ça à Gaston-Petit avec mon père. Même dans mon bled de Châteauroux, j'avais l'impression que ça brassait du pognon. Bon, si ça avait été le rugby ou les fléchettes, j'aurais tout fait pareil... Je me suis tellement battue pour me retrouver là.

– On dirait pas quand on te voit.

– C'est parce que tu ne m'as pas connue avant. J'ai travaillé comme serveuse dans un resto italien. À Châteauroux, les restos italiens sont tenus par des Turcs. À Paris, c'est des Pakis. Je rencontre une fille au boulot. Une rebeu qui sortait vite fait avec un remplaçant du PSG. Tellement remplaçant qu'il avait que du temps pour la niquer. La fille faisait des études d'esthéticienne et bossait comme serveuse pour se payer son école. On a parlé, elle m'a rencardé un peu sur les lieux footeux.

– Un soir, elle a voulu que tu l'accompagnes, il y avait son mec qui était avec un copain à lui, remplaçant au LOSC. C'était au VIP, tu étais en transe mais tu as fait ta mijaurée pour qu'elle ait pas peur de toi.

– Comment tu sais ?

– Je sais parce que ça se passe toujours comme ça.

Je sais parce que tu me l'as déjà raconté, poulette. Dans le lounge de Roissy. Tu as oublié ou j'ai une tronche interchangeable ?

Voyons, Coraline, je sais tout ça, je l'ai déjà écrit même, tu veux que je te sorte la page ?

« Paris, c'est mieux que Lille, j'aurais pu avoir des vues sur son mec. Le déodorant ne suffisait pas tellement je cocotais d'excitation. En France, quand une Wag demande à une copine de l'accompagner pour lui présenter un footeux, on dit qu'elle la fait venir pour mettre une *passe déc'*. Comme au football. C'est pareil pour les gars d'ailleurs, la passe déc', c'est unisexe. On dit qu'*on met une passe déc'*, parce que le mec veut juste passer une soirée avec la fille. Après, on ne sait pas s'ils vont se poser ou s'ils vont juste niquer ensemble un soir. »

Coraline remet son foulard Pucci autour de la tête. Elle est bonne comme ça. Ça me rend dingue, moi. Pourquoi je n'ai pas de foulard Pucci ? Pourquoi je n'ai pas de mules léopard à semelle rouge ? Pourquoi je ne me suis jamais fait sauter par le numéro 6 ? Je ne peux plus me contrôler, je suis prise d'une sorte de frénésie de la comparaison. Je veux tout comme elle, être elle, et rester moi...

Coraline sourit aux palmiers.

– Bref, ma copine me présente au renoi du LOSC, et voilà, le mec me kiffe. C'est évident. Limite il veut me tenir la main pour traverser. Je le quitte plus. Je pars à Lille. Trois semaines dans sa baraque. Franchement pas mal pour un mec qui cire le banc. Une télé de malade et plus de jeux vidéo que chez Nintendo.

– Ouais avec le footballeur, ça se passe vite ou ça se passe jamais.

– Oui, je savais pas à cette époque. J'ai été aspirée. J'ai quitté mon appart', j'ai annulé des rendez-vous taf, j'ai tout laissé. Un mois après, il se fait cambrioler. On va habiter à l'hôtel comme tous les joueurs. J'ai la belle vie sans trop en faire. Surtout, je lui fais comprendre que le banc, ça me suffit pas. Qu'il faut qu'il se bouge le cul. Il commence à être titulaire. Je suis à bloc. Je le motive grave. Je croise d'autres joueurs, des femmes de... des putes... Un jour, on fait un déplacement à Rome. Et là, dans ma gueule, je croise Francesco Totti dans une boîte, je suis avec mon mec...

– Francesco Totti, quand même, c'est le mythe en live. Si j'étais sa meuf, je me ferais tatouer son visage, je crierais son nom partout, j'irais même à l'entraînement.

– Ben ouais. Faut être là. Visible, en 3D. Sinon t'existes pas ou on te prend ta place. Les gens me disaient : « Mais qu'est-ce que tu fous en déplacement ? » Il n'y a aucune femme qui va en déplacement. Moi, j'étais tellement fière, je kiffais tellement ma race, j'ai eu mon rêve. Je suis partie à la CAN avec que des Ghanéens car je supportais le Ghana. J'avais dit à ma mère que j'allais à Londres pour perfectionner mon accent.

– Tu le suivais partout, c'était le méga kiff.

– J'aime bien comment tu me comprends, Manuela. Y a qu'une Wag qui peut comprendre une autre Wag.

– Tu me dragues ?

– HI HI HI HI !!!

Si Coraline jouit comme elle rit, son 6 met des boules Quies ou branche direct *50 Cent* dans ses tympans ou a une surdité précoce non diagnostiquée… Je suis à deux doigts de tweeter #Bouchécomme1pot @6.

– C'est quoi pour toi le foot ?

– Eh oh, chérie, le jetlag ça te rend prise de tête.

– C'est le SMS de Nathalie qui m'a foutu un choc. Elle a niqué tout France 98 quand même et là, elle végète à Sochaux.

– Socold ?

Pff, je ne suis pas drôle, je sais. Mais aussi, cette Coraline qui nous la joue divan in Dubaï… Je visais la matinée régressive moi…

– Tu sais, Nathalie, elle a été mon guide. En 1998, j'étais môme, mais j'ai toujours été précoce.

Précoce, Coraline ? Sans blague. Dans quel domaine à part la fellation bourrée ?

Cette didascalie a fait l'objet de nombreux échanges de mails et de SMS entre mon éditeur et moi.

Il me disait : « Tu exagères ! »

Je lui répondais : « Tu n'y connais rien ! »

Il rétorquait : « Tu présentes toutes ces filles comme des tueuses à gage du sexe et des salopes, et les footballeurs comme des amants violents et foutraques, c'est terrible pour la condition de la femme et l'image du foot, on va se mettre les féministes et la FFF sur le dos. »

J'ai fini par lui envoyer des MMS de moi avec

des footeux célèbres dans des positions scabreuses. Eh oui, puisque j'archive presque tout.

– Elle était shampouineuse... et s'occupait d'une cousine de ma mère.

– Beaucoup ont commencé comme ça. Ruby, la femme de T. (C'est mon éditeur qui a censuré, vous vous en doutiez.)

– Je la connais pas, elle est sympa ?

Coraline jubile. Nathalie passe à la trappe. Ruby, c'est plus glam...

– Ruby avait un salon de coiffure, c'est ça ?

– Coraline, *come on*, elle n'avait pas son salon de coiffure. Elle était shampouineuse dans une ville du nord de l'Angleterre. Comme ta Nathalie. Elle se tapait plein de mecs. Elle aime bien les Blacks. Elle s'est tapée tous les Blacks du club de sa ville.

– Trop de bol, la salope.

– Elle avait fait quelques parties fines avec des mecs de l'équipe. Elle était connue comme le loup blanc.

– C'étaient des touzes ou elle était juste en plan single avec le mec ?

– Je sais pas trop. Un peu tout il paraît... Et T. est arrivé ensuite. Mais il n'y a pas que lui. C'est arrivé à dix millions de mecs. J'ai dix millions d'exemples de mecs comme ça. Des tas de joueurs se mettent avec des nanas qui se sont déjà tapées plein de mecs.

– On rêve toutes de tomber sur un mec plus haut placé.

– T., quand il arrive en Angleterre, c'est une mégastar en France. Ce n'est pas encore une mégastar en Angleterre mais c'est un bon filon. Elle le voit et lui il craque. Ces mecs-là sont hyper fragiles. Ils n'ont pas leur maman avec eux. Lui a un papa qui ne l'a jamais calculé. Donc il est vachement en demande d'affection. Il a eu une première meuf quand il était dans son premier club, mais elle s'est tirée. Faut dire que vivre là-bas... Bref. Quand il arrive en Angleterre, il est seul. Il ne parle pas la langue. Et il tombe sur cette fille, élevée en Angleterre mais d'origine polonaise, hyper gentille, très maternelle avec lui. Elle le bichonne, elle le dorlote, elle le manucure, elle le coiffe et lui dit : « Tu n'as qu'à venir dormir à la maison ». Elle a déjà un enfant d'un premier mariage. Il tombe amoureux d'elle et il se rend compte en faisant les mises au vert que tout le monde l'a niquée. Il ne le savait pas avant. Il en chialait. Souvent ce sont des mecs fragiles, des mecs à qui leurs parents ont manqué. Ce sont des garçons qui ont quitté leur famille à 12 ou 13 ans. Alors ils trouvent quelqu'un qui s'occupe d'eux, qui fait un peu la maman, pour peu qu'elle ait un peu plus de cerveau qu'eux. Tout ce que je sais c'est que T., quand il a appris que c'était une chatte à vestiaire, il est devenu fou. À se fracasser.

– Je ne comprends pas, tu ne peux pas aimer quelqu'un sans accepter son passé.

Parfois, Coraline m'étonne. J'ai la sensation qu'elle a une oreillette et que Cyrulnikmachinchose lui dicte ses phrases.

– Et elle est belle, Ruby ? Genre comme wam ?

Parfois, Coraline m'étonne. J'ai l'impression qu'elle a une oreillette mais que plus personne ne la fournit en mots.

– C'est une brune qui a cinq ans de plus que lui. Pas du tout spectaculaire, pas du tout avion atomique. Une Polonaise qui fait attention à elle, donc elle se fait un brushing. Mais sinon pas de lèvres, pas pétillante. Pas dingue du tout. Et cinq ans de plus que lui. Quand il avait 25 ans, elle en avait déjà 30. C'est quand même un gros écart. En plus, elle enchaînait les gosses. Après, les goûts et les couleurs... J'ai vu plein de mecs être fous d'amour pour des meufs dégueulasses.

– En même temps, T., il est tellement canon ! Il aurait pu se trouver des milliards de meufs mieux qu'elle.

– Ouais, tu ne te mets pas avec T. juste pour son fric, c'est sûr. Tu as une bombe atomique. Il est bien foutu, il te fait rêver. Je veux bien qu'on dise que tu es une michto quand ton footeux est dégueu. Mais quand tu te mets avec T., tu n'es pas qu'une michto. Il faut te rendre compte de ce que tu as tous les soirs dans ton lit. C'est quand même cool. C'est l'euphorie. Elle a un mec beau gosse qui, je pense, est son idéal masculin. Genre Black hyper musclé qui a du succès à mort.

Coraline salive.
Les chameaux salivent.
Les faucons salivent.
Le désert salive.
Moi, limite.

– Trop de bol, putain, la salope.

– C'est dur pour elle aussi. Je me mets un peu à sa place. T. a toujours compensé ses manques en baisant, baisant, baisant... Il ne savait même plus ce qu'il baisait. Genre compulsif de la chatte... À la fin, il était écœuré. Je pense qu'il a besoin de vachement de stabilité. D'où le fait de faire plein d'enfants pour essayer de se créer un cocon à chaque fois. Alors même si Ruby a niqué la terre entière du vestiaire de son équipe de Premier League... c'est mieux que la terre entière du vestiaire de Sochaux.

– Tu penses à Nathalie... Oh la la, la pauvre. Tu sais qu'elle n'est jamais allée à Dubaï en douze ans de Wag ? C'est la dèche quand même.

Tu crois quoi, Coraline ? Des profils comme Nathalie, j'en ai déjà rencontré des dizaines. Il y en aura une comme elle dans mon bouquin. Tu veux me donner des biscuits ? Vas-y, raconte-moi, je prends tout, j'ai mon dictaphone dans ma pochette en strass Pupi Solari. Compte sur moi pour lui rendre hommage comme elle le mérite, ta Nathalie. J'ai l'impression qu'en parlant d'elle, j'évite de devenir comme elle.

Ça commencerait comme ça :

« Nathalie aimait bien le foot parce qu'à Sochaux, c'était un peu la sortie familiale. Très vite, elle a commencé à voir le côté mec et à se dire : "C'est ça qu'il me faut, il me faut un footballeur". Les mecs sont gossebo, ils sont riches, ils sont jeunes. C'est bon, on n'est pas obligées de se mettre avec un vieux beau. On peut tout avoir. Je vais pouvoir me trouver un Black, parce que moi j'aime bien les Blacks. Un Black qui a du fric. C'est l'embellie ! Il ne faut pas chercher un intellectuel. Elle, en tout cas, elle ne cherchait pas du tout un mec intelligent, à l'époque. Rien à foutre ! C'était son plan de carrière... Après 98, il y a Zizou et tous ses compères qui sont des dieux vivants. Le summum, c'est d'être femme de footballeur. Certaines le font en claquant des doigts. C'est Adriana Karembeu et consorts. Mais tout le monde n'est pas Adriana Karembeu. Il y a toute une génération de filles qui va essayer de faire la même chose. Nathalie... C'est des centaines de Wags, Nathalie. »

Coraline sort une Vogue mentholée. Les cigarettes fines, j'ai toujours trouvé que ça faisait bourgeoise.

Les footeux, c'est ce qu'ils aiment finalement, une pute avec quelques manières jet set.

Coraline me fixe.

Je suis quand même plus belle que Coraline, non ?

Plus Barça que PSG. Plus Coupe du monde que CAN. Mon indice UEFA doit terrasser le sien.

Ouverture de mon poudrier Chanel, grugé à l'ex-Wag de Nasri lors d'une soirée de bienfaisance chez Sketch à Londres. Devis. Belle occase. À l'Argus, je ramasse qui ?

Après deux lattes profondes, Coraline repart.

– Son plan de carrière, c'était de vivre le truc à fond. Elle voulait rester au top et jamais devenir comme les autres. À l'époque, ce qui la frappait chez la plupart des autres femmes de joueurs, c'est que souvent elles préféraient se mettre en retrait parce qu'elles avaient du fric. Elles pouvaient avoir de jolies choses, elles avaient la sécurité pour leur famille. Elles pouvaient vraiment se la boucler et subir tout sans broncher. Tellement cocues, c'était dingue. Des femmes qui ont maintenant 45 ans et qui sont avec des anciens footballeurs.

– La meuf de mon attaquant est comme ça... Et celle du 4... Paraît qu'elle a tout su mais il est revenu à la case départ la queue entre les jambes.

– Et dans ma bouche !

– Quoi, tu t'es fait tirer par le 4 ?

– À la dernière mise au vert à Tignes.

– Mais Coraline, quelle chienne tu es ma fille !

– Oui, c'est ce qu'il m'a dit. Mais pour lui, c'était un compliment. Apparemment, avec maman c'est juste missionnaire et dodo.

« Toute femme a sa fortune entre ses jambes. »

Honoré de Balzac

TABATHA

2345 ABONNÉS

Je vais être méchante

Soudain, une apparition... Maman surgit.

Tabatha, celle du 4. La segro.

Elle a sorti le matos. Mais c'est raté. Question maillot, elle a opté pour le look toile cirée. Et toile cirée pour un buffet, hein, pas pour un guéridon. En d'autres termes, si vous êtes des brêles en mobilier grand train de vie, ce n'est plus un cul qu'elle a, c'est un semi-remorque, genre aire d'autoroute avant le tunnel du Mont Blanc. Elle doit écouter Céline Dion parce qu'elle a une photo d'elle à Las Vegas. Et utiliser le fond de teint BB Cream Honey Dior parce que la fille à la boutique lui a dit qu'elle était blonde comme Sharon Stone.

– Vous faites quoi les filles ?

– Rien de spécial. On parlait de Nathalie.

– Nathalie, Nathalie… Attendez, ne me dites rien. Celle du 11 ?

– Non, elle est plus en Ligue 1. Elle est repartie à domicile.

– Aïe. Et donc ?

– Et donc, elle va très mal. Cachetons et tout le bordel qui va avec.

– Elle avait pas eu le temps de se caser… Classique…

Âmes sensibles, sautez quelques pages et retrouvez-moi au chapitre suivant.

– Dis-moi, Tabatha, tu l'as appris comment, toi ?

– Appris quoi ?

Tabatha, ça fait vraiment prénom de hardeuse. La pauvre. Elle s'appelle comme ça à cause de la série *spin-off* de *Ma sorcière bien-aimée*, qui met en scène Tabatha, la fille de Samantha et de Jean-Pierre, fée célibataire conduisant une Coccinelle jaune. Un tel fossé entre sa tronche et la promesse de son patronyme…

Couleur de Tabatha : Ketchup Heinz.

– Tout le monde le sait, Tabatha. Tu avais décidé de fermer les yeux. T'étais la femme du footballeur et lui était le footballeur avec une femme et des maîtresses. Le problème, c'est qu'il y en a une qui lui a retourné la tête. Alors forcément, tu es devenue folle. Tout a vacillé. Et encore, tu as évité le scandale qu'ont connu d'autres avec la radasse à la date de naissance bord cadre niquée dans les chiottes du Mistral.

Tabatha déglutit un litre de salive.

Coraline se bouffe son gloss, elle devrait se refaire la bouche, c'est vraiment son point faible les lèvres. Ça va limiter son ascension en Champions League.

– Alors le tien, il consommait où ? Il était pas du genre à aller au Costes. Certains mecs de 98, c'est le Costes. Après, il y a le Méridien pour les joueurs un peu Ligue 1 *middle class*. Donc c'est pas le style du tien, ça. D'autres, c'est le Marignan. Un ex-Parisien y est toujours fourré. Belle gueule, je ferais bien son room service, avec finition. Il y a des mecs qui te font ça au Mercure de Roissy juste avant de prendre l'avion le lendemain. Pas la peine de faire cette tête Tabatha... On connaît tout ça par cœur. Coraline, elle est un peu jeune mais elle est fortiche en hôtels aussi, pas vrai, Coraline ?

Oreillette de Coraline débranchée.

– Ta gueule Manuela, maintenant, qu'est-ce que tu cherches à prouver ?

– Mais rien, voyons. Juste je t'explique fort ce que tout le monde pense et dit tout bas.

– Je vais te noyer.

– Ma chérie, voyons. Quand tu vas te mettre dans la flotte, tu vas vider la piscine. Tu comprends pas ce que je t'explique, Tabatha. On est dans la même galère toutes les deux. On fait carrière dans le même milieu. Tu as opté pour un CDI quitte à être exploitée par ton patron de mari, moi je suis une pigiste talentueuse, une mercenaire, je vais au plus offrant... Pas d'Assedic, pas de Pôle Emploi, pas d'assurance-vie... Je place au jour le jour.

– Toi, aucun footeux ne t'épousera jamais et tu le sais. Moi, je préfère penser à mes points retraite. Quand je serai vieille, je serai riche. Quand tu seras vieille, tu seras seule et fauchée et tu t'endormiras devant la Coupe de la Ligue en caressant ton vieux teckel.

Coraline reçoit du courant.

– Sauf si elle arrive à faire un môme.

– Vous êtes des monstres. Laissez les enfants en dehors de tout ça !

Bref regard sur son fond d'écran avec ses deux mômes au stade.

Avant de la buter définitivement.

– Joue pas à la plus conne. Tu sais bien que les mômes sont le moyen de chantage le plus efficace...

– Avec le viol...

– Vous êtes folles.

Bibendum transpire.

– Tu sais, Tabatha, moi je suis de l'autre côté. Je suis celle qui va à l'hôtel mais qu'on n'épouse pas. Quand je serai plus gaulée, on me basera comme une belle merde, tu as mille fois raison. Même les coaches ne voudront plus de moi. Eux aussi recrutent souvent à la sortie des centres de formation. Je me souviens de l'un d'eux. Coach d'un grand club français. Il avait une nana qui devait avoir 23 ans. À la causerie, il disait, avec son accent à couper au couteau : « Bon les gars, il faut gagner parce qu'il me faut des sous, ma femme me coûte cher. » Même moi, il m'a pas calculée. Je sentais le sapin.

Chose promise, chose due

Je suis fiable comme fille. Je vous appâte puis je raconte en léger différé.

Elle est marrante, mon histoire avec mon dernier coach. Il a été marié pendant 20 ans avec une nana. Il a beaucoup joué dans des clubs un peu pourris. En Roumanie, en Hongrie, en Italie...

Je ne sais pas comment il a atterri en Afrique, mais tout Italien qu'il est, il a quitté sa femme et s'est mis avec une renoi avec qui il a eu un bébé.

Lui, j'ai tout de suite voulu l'avoir. Comme un accessoire de mode.

Quand je le voyais à la télé, il me faisait plus d'effet que certains joueurs. C'est comme si on roulait toujours en Ferrari et qu'un jour on craquait pour un Cayenne.

Je me disais : « Il faut que je le trouve ». J'ai réussi à le trouver. Je voyais juste que le mec pue le cul. Il sent l'anus de malade. Oui, encore navrée, les Wags entre elles disent ça des mecs qu'elles veulent avoir. Pas les Wags qui matent *Plus belle la vie*, mais celles qui ont compris que la vraie vie c'était entre *House of Cards*, *Boss* et *Breaking Bad*.

J'avais réussi à avoir son numéro par un joueur. On s'est captés, on a pris un café. J'ai vu un mec un peu tremblotant, pas trop sûr de lui. Ensuite, il m'envoie texto sur texto. Il m'écrit : « Je suis en déplacement ». Je me suis dit : « Ah, ça fait longtemps que j'ai pas fait de mise au vert, ça me rappellera ma jeunesse ! »

Je suis partie le voir et je n'ai pas été déçue. Il veut une athlète. Il veut une nana affûtée. Il s'est levé à 6 heures, il pleuvait et il est parti faire un jogging. J'ai rigolé, je me suis tapée des barres. Moi je commandais des verres, j'étais en train de picoler comme une ouf dans la chambre. Je me suis dit qu'il allait payer donc j'ai dit : « Vous mettez ça sur le compte du coach ».

Il contrôlait tout. C'était très drôle. Il est dans une telle recherche de perf, tu as l'impression que tu fais les JO quand tu baises avec lui. Tu es à Sotchi. Je lui ai chanté : « On est les champions... » Il s'est retourné vers moi et j'ai ajouté, langoureusement : « Mec, la chanson, elle est pour toi ».

Mais l'autodérision, visiblement, ce n'est pas son truc.

Je lui ai dit : « Bravo frère, franchement, Bayern de Munich, t'es au top ! » Par contre quand le mec fait des éjac, qu'il en met partout, je sens qu'il a un problème avec les draps... Oui, on va dormir, c'est juste un peu mouillé... Frérot excuse-moi... Je sens vite que je ne peux pas vraiment me lâcher. Alors je me dis que c'est juste une fois, je profite.

Je pense qu'il s'est lavé la queue pendant trois heures alors qu'on avait mis trois capotes. Quand il a payé l'addition, il a dû se dire qu'il avait baisé Sue Ellen.

Tabatha redescend dans une zone acceptable

Coraline me regarde en ouvrant la bouche. D'ailleurs, Coraline sait-elle regarder autrement ?

– Tu sais, Tabatha, un soir, je dîne à Munich dans la baraque d'un des coéquipiers de mon mec de l'époque. Baraque superbe, limite Neuschwanstein en miniature. Sa femme avait fait un barbecue. Elle était vraiment mariée à une vedette. Mais elle avalait des couleuvres, la pauvre, un vivarium sur trois générations.
– Tais-toi, Manuela.
– Je me tais si tu parles, Tabatha.

Tabatha exécute l'assiette de dattes fraîches.
Puis lance la machine.

– Quinze ans de mariage, trois enfants, je l'ai menacé de tout lui prendre. Divorce pour faute, abandon du domicile conjugal. Il aime trop sa réputation, il s'en serait pas remis.
– C'est la différence entre la France et l'Angleterre. En France, le sentiment de devoir est très fort, les mecs se sentent obligés de rester avec ces femmes qui ont toujours été là. Et puis il y a aussi un peu la parano des « michtos », des meufs qui ne sont là que pour toucher le gros lot.

Coraline vient de régurgiter un article des pages saumon du *Figaro*.

Cette fille est une énigme.

D'autant qu'elle s'est tapée le numéro 6 le jour même où ce dernier avait promis la main sur le cœur qu'il cesserait toute histoire adultérine.

– Coraline, tu sais, ça fait longtemps qu'on n'est plus un couple, lui et moi. On n'est plus qu'une PME. Qu'il tire à droite à gauche avec n'importe quelle bécasse à la con, je m'en doute et ça m'est égal. Je veux juste garder mon statut. Je ferme les yeux à cause des enfants, des quatorze cartes bleues, de la belle maison avec le jardinier... J'ai pas fait tous ces sacrifices pour être balayée d'un revers de bite.

– Barre-toi, prends tes affaires, casse-toi, Tabatha !

– Me casser où ? Tu crois que je peux faire une Jenny F. ?

Là je dois vous expliquer. Parce que les Wags se comprennent entre elles mais vous, vous êtes à la ramasse.

Jenny F. (c'est un pseudo, *of course*). Femme d'un France 98. Un physique... En langue de bois : voluptueuse, un nez aquilin. Le genre Alsace-Lorraine. Voyez, ni vous ni moi n'aimons la langue de bois. Trouvez qui est Jenny, allez sur Google images et faites-vous votre propre opinion. Toujours est-il que son mari en était très amoureux. Il a tout construit avec elle. C'était sa meuf depuis toujours. Elle a rencontré l'amour au Qatar et elle n'est jamais rentrée avec lui. Il était au bout de sa vie.

Des exemples comme ça, j'en ai plein. Tout à coup, ce sont les femmes qui prennent le pouvoir.

Elles prennent confiance, ont assez d'argent pour accéder à une certaine assurance. Beaucoup d'entre elles se disent : « Putain, je me suis tapée toutes ces années, maintenant à moi de kiffer ». Comme deux Wags françaises hyper connues.

Vous voyez que je balance.

OK, oubliez Tabatha et ses bourrelets deux minutes.

Flashback.

Wanda C. s'est tapée la terre entière quand elle était en Italie. Oui, enfin son mari aussi. Elle est très jolie, elle est très amoureuse de son bonhomme, il est très amoureux d'elle. Ils vont très bien ensemble. En Italie, ils s'amusent beaucoup. Mais vraiment beaucoup. À la fin de sa carrière, l'illumination : « Maintenant, les spotlights, c'est pour moi ». Comme si à 35 ans tu pouvais décréter que c'était à ton tour d'être une star. La meuf n'a rien capté.

Valérie S., comme plein d'autres femmes de footballeurs, était hôtesse. Comme la miss France Malika Ménard, qui s'était mise avec le gardien de Rennes très beau gosse, Benoît Costil, avant de fricoter aujourd'hui avec Clément Grenier, un autre beau gosse. C'est le parcours typique. Avis aux intéressées : si vous voulez vous mettre avec un joueur, hôtesse c'est parfait. Donc elle était hôtesse dans le stade de sa ville. Quand elle rencontre son futur mari, il est déjà pro, en Ligue 1. Elle, c'est une fille extravertie, très sûre d'elle. En public, elle l'écrase un peu. Limite elle l'humilie. Elle se met tout le temps en avant, genre c'est elle la star. Pourtant, elle n'est pas jojo, un peu ronde. Et hyper désagréable, mais assez intelligente. Tout le monde dit que c'est elle qui porte la culotte. Elle lui fait sentir que c'est un footeux, donc qu'il est un peu « teubé ». C'est elle la patronne et lui, le mari de la patronne, en quelque sorte. Entre le *toy-boy* et le prince consort. Elle s'est servie de ça pour faire un peu de télévision. Ça a tourné court assez vite. Elle se prenait trop pour une star. Un boulard de ouf. On dit qu'elle le trompe, qu'elle se tape le fils du coach. C'est une rumeur, je ne sais pas si c'est vrai. Elle a la réputation d'être hyper open avec tout le monde. Lui est très gentil donc il se laisse faire. Il ne bouge pas. En extase totale devant elle. Son côté un peu dure, je peux le comprendre. Quand ton mec est la star, tu es encore plus dure avec lui. Ce n'est pas sain, mais je comprends.

Bref, elle devient people. C'est un peu la chef de bande des femmes de joueurs. La chef de bande des Wanda C. La matrone. Elle fait des teufs de malades, elle invite tout le monde, elle veut faire partie du show-business. Lui, il est gentil, mais je pense qu'au bout d'un moment, ça a dû le gonfler. Il a tenu très longtemps, je pense qu'il était fou d'amour pour elle. Ils ont divorcé quand il est parti jouer à l'étranger. J'imagine que c'est la loi de là-bas qui a dû prévaloir, en tout cas il a dû lui donner 3 millions d'euros. Il a tenu à lui donner de la main à la main. Il lui a donné son chèque de 3 millions d'euros de la main à la main. Moi, si tu me donnes 3 millions d'euros, tu peux venir me le mettre même dans le trou du cul le chèque, il n'y a pas de souci !

Prenez un Coca, une clope, faites une promenade, une séance de stretching.

Non, je sais que vous allez décrocher votre téléphone et raconter ce que vous venez de lire.

J'ai décidé de raconter ce que toute la grande famille du football européen sait mais ne vous dit pas. Même les journalistes soi-disant spécialisés. Aucun bouquin n'a raconté ça. Même le footballeur masqué, à côté de moi, c'est *Oui-Oui chez les naturistes*.

La jalousie est inhérente à la profession de Wag

– Manuela, tu dis ça parce que tu n'as aucune garantie de rien.

– C'est tout le contraire. Toi tu es mariée, tu as un contrat, tu pourras être dédommagée. Moi, j'ai qued'. J'accepte tout, je bouffe à tous les râteliers. C'est pour ça que j'adore les meufs qui ont des couilles. La meuf de Thierry Henry qui lui a pris 9 millions, mais bravo ! La meuf de Tiger Woods qui se tire avec 100 millions, bravo ! À un moment donné, stop ! Tu as su qu'il t'avait vraiment trompée. Donc tu pouvais vraiment le briser.

– Je m'en fous. J'ai effacé son ardoise.

– Il continuera. C'est dans les gênes du footballeur. Après, certains le font avec plus ou moins de panache.

– C'est dans les gênes de la Wag aussi. Regardez-vous.

Tabatha atomise l'assiette de charcuterie halal. Elle a fait son plein de protides et elle a envie de se défendre.

– Tu sais, en fait c'est arrivé par hasard pour moi. Je voyais le petit cirque de tous les coéquipiers de mon mec, ils ronronnaient avec deux ou trois maîtresses en flux tendu. Du coup, alors que j'étais pas du tout jalouse et pas du tout flippée de nature, j'ai commencé à le fliquer. Limite *Les Experts au LOSC* dans le vestiaire. Et là, le coup de grâce. Non seulement il la saute, mais en plus il tombe amoureux. Sauter, OK, mais pas avec les trémolos dans la voix, hein. Je suis avec un footballeur, pas un connard qui sécrète du miel.

Je retiens un sourire. La jalousie. C'est ce qui nous perd. On se croit au-dessus de la mêlée. Sans sentiment. Juste là pour profiter du fric, de la déconne, du statut. Grossière erreur. La relève est permanente. La Wag croit manipuler, mais c'est du court terme. Si elle est maline, elle se fait épouser. Si elle veut bien être aveugle et gentiment docile, elle se laisse être trompée non stop. Si elle est rancunière, elle en fait autant... Coucher avec le vestiaire est une solution éphémère. La mienne, finalement.

Tabatha expire. Limite un courant d'air sur les Émirats Arabes Unis.

– Vous me trouvez moche ?

– Heu... non...

– Grosse ?

– On voit que tu n'es pas à ton poids de forme Wag.

– C'est à cause de ce bâtard. Je me suis vengée sur la nourriture quand j'ai compris comment il m'avait utilisée. Pardon, pardon, je m'énerve... ça sert à rien... c'est fini... je l'aime. Autant que je le hais... Je lui dois tout, mais je pense que s'il en est arrivé là, c'est grâce à moi. La Wag que je suis a influencé son football. Il a été dans un cocon grâce à moi... Pourtant je me sens tellement nulle, les filles. J'avais un potentiel de fou mais j'ai rien fait. Toute ma vie a été guidée par son football, ses choix de club...

Coraline et moi d'une même voix.

– Je sais, Tabatha.

– Je sais, Tabatha.

– Pourquoi ils se comportent tous comme des gros salopards ? Pourquoi il faut toujours que le footballeur tire sur toutes celles qui bougent ?

– Et encore, Tabatha. Tu as eu du bol dans ta malchance. Ton mec l'a jouée à l'ancienne. Cette génération-là, ils vont prendre une maîtresse sur cinq ou dix ans. C'est davantage le genre à s'attacher et à vivre une histoire avec quelqu'un d'autre, une régulière. Pas les plus jeunes que j'ai connus. J'ai vécu avec eux l'avant foot, le firmament (je kiffe ce mot. Ça fait coucher du soleil en écoutant *Trophies* de Drake) du foot et la fin du foot. J'ai connu des mecs qui n'avaient jamais baisé une nana et qui, d'un coup, ont la terre et l'univers qui veulent baiser avec eux. Comme ça, gratos. C'est-à-dire pas des putes. La nana veut juste baiser avec toi parce que tu es un footballeur. Je parlais toujours aux filles, je leur disais : « Mais vous croyez qu'il va quitter sa femme pour se mettre avec vous ? S'il te baise, il va juste te baiser ! » Elles me répondaient : « Ah mais on sait jamais ! » Et d'autres me disaient : « Je m'en fous, déjà il me baise ! C'est un truc de ouf, c'est le meilleur buteur du championnat ! » Là, OK, je comprends. Il y a des mecs qui sont un peu des mecs trophées.

Coraline s'éclaire.

– Ouais, à la limite tu me dis Thierry Henry, David Trezeguet, Fabio Cannavaro, là oui. Tu te tapes un champion du monde, le mec en devient quasiment une coupe. Une fois que tu as passé ta nuit, tu n'as qu'une envie, c'est de te tirer pour appeler tes copines. D'ailleurs je les ai appelées. On avait dîné un couscous chez Momo's juste avant. Vous y êtes déjà allées là-bas ? C'est romantique putain de sa race. Paraît que l'avant-centre méga beau gosse d'un club de Premier League y est tout le temps. Lui, je voudrais vraiment me le cogner, sur la vie de ma mère. Il paraît qu'il est open de chez open.

Coraline est en mode racaille récidiviste du 93.

Pas tant que ça, Coraline. Moi, l'avant-centre, je me le suis fait.

Un soir à Londres dans une suite au Soho Hotel après une bouffe de feu chez Nozomi.

Vous voyez, même lui ne bronche pas mais il bronche. Il a toujours été avec la même meuf à moitié dégueulasse. Quand il la rencontre, ils ont quel âge ? 16 ans, un truc comme ça. Elle n'est pas très jojo, il n'est pas très jojo non plus. Ils se mettent ensemble, lui est déterminé, ils se marient. Il ne la laissera pour rien au monde. Il a un discours assez posé. J'ai été un plan cul quelques fois, on discutait pas mal... « Moi, la meuf avec qui je vais passer une nuit, je sais très bien que je ne vais pas faire ma vie avec elle. Ma femme, je l'aime, mais j'ai envie de profiter un peu parce que c'est vrai que je n'ai pas beaucoup profité. »

Tabatha se venge sur une barquette de Nutella

Question lipides, elle est au niveau d'un bloc de saindoux.

Coraline change de voix. Comme si elle jouait un rôle et s'adaptait en fonction du sujet, de son interlocuteur. Je crois que j'ai sous-estimé Coraline. C'est une Wag tête de série.

Elle repart dans ses explications.

– Les filles, même si vous êtes beaucoup plus cramées que moi, vous êtes pareilles. En 98, vous étiez où ?

– Londres, au Mayfair, en train de me faire tringler par un attaquant anglais.

– Campagne lyonnaise, en train d'organiser mon mariage.

Aparté pour mon éditeur pro-OL qui m'a chié une pendule quand je lui ai dit que même les Lyonnais tirent sur tout ce qui bouge. Il me rappelle horrifié. Justement, il est à Lyon, qui prend une dérouillée face à Nice sous la flotte. Non, Manuela, tu exagères, je veux bien que ce soit comme ça dans les grands clubs où l'argent coule à flot, bon admettons, au PSG, à l'OM pour le côté méditerranéen, sanguin, bling-bling, paillettes... Mais pas à l'OL. Nous, c'est un peu plus respectable, et d'ailleurs c'est pareil dans les petites villes de province aussi. On n'est pas aussi trash, côté cul. Faut que tu équilibres ton propos.

Il m'a gavé, grave.

Équilibré de quoi, Gilbert Montagné ?

Tu veux que je te parle des partouzes des joueurs de l'OL ? J'y suis allée, tu veux des détails ? Tu veux des noms ? Un goal, un attaquant, pour l'attaquant tout le monde pense au même mais vous seriez surpris... Tu veux des adresses immatriculées 69 ? Pas le Kamasutra, le Rhône.

Pas aussi trash côté cul ?

Tu veux que je te raconte les joueurs de Lens, Nancy, Rennes, qui font l'aller-retour à la capitale pour s'envoyer en l'air ? Retour par le premier train aux aurores, ni vu ni reconnu...

Pardon, je reprends...

Au fait, vous étiez où, vous, en 1998 ?

– Moi, j'étais sur les Champs-Élysées. Je voulais attendre les mecs de l'équipe de France. J'étais gamine, mais je voulais voir Thuram. Je voulais être sa femme. Putain, je m'en souviendrai toute ma vie. À huit ans, je connaissais déjà le profil des hommes de ma life.

Le serveur m'apporte une canette de Coca Zéro. Personnalisée « Star »... On devrait créer la canette « Wag », elle ferait un carton.

Celle de « Chiennasse » aussi. Coraline bat des faux cils.

Celle de « Cocue » aussi. Tabatha grimace.

– Vous savez, les filles, avec mon joueur, ça n'a pas été facile tous les jours. Il y a eu des moments où on n'avait rien parce qu'on dépensait tout. C'était au début de son succès, on était grisés... J'étais mince à l'époque, enfin bien comme il faut, un cul avec la moyenne... Même si j'étais un doss centre de formation... donc mignonne, mais rien de fou vu de la capitale... Sauf que je suis tombée enceinte avant même de passer devant monsieur le maire.

Ça a été ma plus grande faiblesse

Moi, limite le bourdon. Pourquoi je n'ai pas réussi à me faire épouser ? Pourquoi je n'ai jamais eu le ClearBlue positif ? En plus, j'ai passé ma vie à baiser avec des footballeurs anglais. J'aimais la thune, donc j'aimais le foot anglais. Faut pas être douée. En Angleterre, il n'y a pas de capotes. J'ai aussi entendu des mecs me dire : « Si Dieu veut que j'aie le sida, j'aurai le sida, mais sinon je ne l'aurai pas. » En Angleterre, ils ne sont pas alertés comme nous. Ce sont des icônes, intouchables. Et donc on ne peut pas les soupçonner d'avoir quoi que ce soit, finalement. Après, je ne sais pas, c'est la roulette russe. Surtout qu'ils baisent n'importe qui. J'ai vu des joueurs partir avec des nanas, ils leur rentraient la tête dans le taxi tellement ils avaient honte. Des *freaks*, sister. Parce qu'elles étaient trop cheums. Il fallait qu'ils arrivent à des tonnes de chattes. Mais après, c'est comme tout, la chatte, une fois que t'en as trop eu, ça te fait gerber. Finalement c'est assez logique au vu de leur vie. Ils sont formatés pour piner une ou deux nanas et pas autre chose en fait. Ils n'ont pas de curiosité finalement. Le footeux va en soirée, il picole, il trouve une nana comme moi qui lui plaît, il a envie de se la taper, il la ramène à l'hôtel. Il lâche la capote assez vite. Surtout quand je l'y encourageais. S'ils te niquent deux trois fois, il y a une fois où ils ne vont pas en mettre. Même s'ils ont peur de mettre la fille enceinte, le sentiment d'impunité est plus fort. Pourtant, ce n'est pas comme d'autres mecs qui ont peur de ne pas bander quand on leur fout une capote. Les footeux bandent quoi qu'il se passe. C'est leur vie de marquer des buts et de bander. Donc une capote, ça ne les gêne pas trop, pas autant que ça gêne un mec lambda. Limite le footballeur va te montrer son Mannix *king size*. Le truc, c'est un classeur.

Avec tout ça, pas foutue d'attendre un morveux.

Pourtant, j'ai arrêté la pilule.

Pourtant, je me donnais sans retenue pendant les périodes propices.

Pourtant, j'en ai crié des « je te déteste, connard ».

Pourtant, j'en ai murmuré des « je t'aime, salaud ».

Je suis une Wag stérile. Une aubaine, finalement, pour le footballeur. Un vrai plan sécu. Un placement livret A. Aucun risque, mais ça ne rapporte pas grand-chose.

Je raccroche au *wag*on Tabatha.

– ... à la fin de certains mois, on n'avait même plus de quoi bouffer. On était habillés tout en Dior, on avait quatre Audi TT, mais on faisait ça n'importe comment, sans aucun bon sens. Lui, il devenait fou. L'argent, ça lui brûlait le cerveau.

Tabatha reprend son souffle.

– J'estime que c'est grâce à moi s'il a commencé à se poser question oseille. On est devenus proprios, on a fait des bons placements, après on s'est mariés sous le régime de la communauté. Sous mes apparences de grosse balourde, je savais qu'il était mon assurance-vie. Je l'ai aimé. Je lui ai été fidèle. Vous me regardez et vous vous dites, ben oui Bouboule, t'aurais voulu pécho qui, hein ? Le stadier ? Ben détrompez-vous, j'ai eu plein d'opportunités. Même au sein du vestiaire. Le fantasme Botero, ça marche mieux que la top model rachitique.

Coraline se mate.

La Wag a des rétros partout, dont un braqué sur son nombril

– Je sens qu'il faut que je prenne un ou deux kilos moi, je suis trop fine pour un footeux. Faut que je fasse gaffe.

– C'est comme dans une chanson de Booba : « T'es rien si t'as pas de boule ».

– La vraie phrase de Booba, c'est : « T'es pas bonne si t'as pas de fesses, t'as walou ».

– En gros, il faut avoir des fesses, il faut avoir des seins, il faut avoir une grosse bouche. Il faut être un peu pute, un peu salope.

Je mate Tabatha. Tabatha mate Coraline. Coraline me mate.

Hit parade

En fesses :

Moi
Coraline
Tabatha

En seins :

Moi – pas photo
Coraline
Tabatha – sauf si on aime le Salon de l'Agriculture

En bouche :

Tabatha nous couche ! Elle a fait une méga injection en 2007 chez un chirurgien esthétique de Neuilly-sur-Seine. Salle d'attente blindée de célébrités. Pas besoin de noms, il vous suffit de regarder le concert des Enfoirés.

Moi
Coraline – vraie tare physique

En salope :

Moi
Coraline

Tabatha ne parvient pas à se classer. Même avec un gode-ceinture sur le front

En pute :

Moi et Coraline *ex æquo*
Tabatha, peut-être avec un CFA2

Je ne suis pas méchante. Je vis juste dans le monde impitoyable de la Wag. Si tu flanches, tu jartes. Si tu t'apitoies, tu te retrouves à branler le directeur financier d'un club de CFA. Si tu donnes ton cœur, monsieur Bertrand Pirel, tu le perds et tu crèves.

Tabatha tire la couverture à elle. Une putain de couverture *king size*, vue l'envergure en capitons de la meuf.

– Moi, j'ai toujours voulu m'habiller un peu classe, pas Cavalli quoi...

Bichette, je ne veux pas être désagréable, mais il n'y a pas ta taille chez Roberto Cavalli. À part pour un sac... et un portefeuille pour ranger des grosses coupures.

– Je sentais que c'était bien pour son image de marque. Une femme un peu en retrait et chicos.

Poulette, pour son image de marque, tu ne crois pas qu'il aurait choisi mieux chez le concessionnaire ? C'est juste que tu lui as mis le grappin dessus et que quand il est tombé raide in love, tu as dégainé l'artillerie juridique. Voyons, Tabatha. Tu vis dans quel monde ? Le cul gouverne le monde. L'argent, le sexe. Le reste ne compte pas.

Oui, cher éditeur, c'est comme ça. Et ne m'appelez pas pour me dire, allez Manuela, rajoute un truc chouette dans la liste. Je ne suis pas d'accord. Je dis niet. Fallait choisir une Wag qui écoute Kendji Girac et végète en Ligue 2. Par pitié, si vous pensez que c'est l'amour, la loyauté, l'intelligence, le respect qui gouvernent le monde, essuyez la buée rose bonbon sur vos lunettes...

Coraline sourit. Elle sourit beaucoup, Coraline. Même quand elle chiale, si ça se trouve. Même quand elle écoute *Boom Boom Boom Boom* des Venga Boys.

– Moi, je me voile pas les yeux. Quand mon numéro 6 m'a rencontrée, j'avais un look radasse de banlieue qui veut juste se faire piner et qui est déjà hyper contente d'être là parce qu'elle boit du Cristal et qu'elle se fait tringler dans un super hôtel.

Attention chers lecteurs, chères lectrices, scoop

– J'ai vu la Wag d'un joueur français. La meuf a fait de la télé dans son pays, mais attention, de la télé bien *cheap*. C'était quand même une (mon éditeur a censuré). C'est devenu sa femme, elle a deux enfants avec lui. Elle est milliardaire alors qu'elle n'avait rien. Elle avait un pauvre salon de coiffure qui était en train de fermer.

Il va faire plaisir aux coiffeuses et aux shampouineuses, mon bouquin. Si elles sont un peu gaulées, elles ont plus de perspectives sociales qu'une moche qui sort de Sciences Po.

– Elle a baisé avec tout le vestiaire. Elle a baisé avec machin, avec bidule... Ce qui est fou dans le foot, c'est que le joueur est très peu regardant. N'importe quel mec normalement constitué est jaloux. Ça l'emmerde que sa meuf se soit tapée la terre entière avant lui. Pas le footeux.

– Les mecs choisissent hyper mal leur femme. En tout cas ils la choisissent pour de mauvaises raisons. Soit ils en choisissent une très belle, un peu genre faire-valoir, mais qui partira s'il y a mieux, une fois qu'elle aura assuré sa pension, et qui les ruinera. Plus à l'anglaise, on va dire. Ou alors ils vont choisir une bobonne. Une qui ne leur casse pas les couilles, qui ne travaille pas et qui s'occupe des enfants. Ça remplace un peu maman, elle fait les papiers. Lui se dit : « Elle ferme les yeux et moi je peux aller m'amuser ailleurs et faire ce que je veux ». La plupart des mecs, quand tu leur demandes : « Pourquoi tu te mets avec elle ? », ils te disent : « Bah, parce qu'elle me casse pas les couilles ». Dans les clubs, on leur dit de se poser. On les force un peu à se poser avec leur copine, à se marier, à avoir un équilibre. Ça reste quand même des mecs qui ont toujours été assistés. Au centre de formation, on leur faisait déjà tout.

Tabatha a terminé sa démonstration. La canicule lui ouvre l'appétit. Elle commande des pancakes au serveur. Tyruj, 22 piges, émigré malgache, main-d'œuvre bon marché *ad vitam*.

La Wag du 19 débarque avec son air de pitbull et sa démarche de rottweiler.

GAIA.

Retenez bien son nom, elle désosse la Ligue 1.

Dents refaites au rabais.

Un casque Beats autour du cou. Playlist à chier, forcément avec beaucoup de Shakira parce qu'elle, au moins, a réussi à ferrer Gerard Piqué. Des faux ongles aux couleurs de l'OM. Une minijupe au format gant de toilette.

La hyène pose sa trousse de toilette Louis Vuitton sur la table, l'air exaspéré. Je me suis toujours demandé comment on se mélangeait pas nos trousses de toilette, vu qu'on est suffisamment abruties pour avoir toutes les mêmes. Comme nos mecs, en fait. Sauf que celle de Gaia, c'est le modèle XXL customisé par Marc Jacobs avec un énorme G gravé en or massif. Message limpide, c'est moi la boss, bande de pétasses minables. Votre trousse, elle fait contrefaçon achetée au renoi de passage sur la plage de Kemer.

Gaia se refait un contour de bouche en commandant un double cappuccino. Vérifie ses messages sur son Vertu Ti cerclage en or rose à 16 500 euros. Il paraît que c'est un cadeau de fin de saison d'un ancien plan de Tottenham. Dans la précipitation, fait tomber une liasse de billets de 200 euros. Injurie le ciel, les oiseaux et sa mère. Ferme le clapet à Rihanna et son *Don't stop the music* sur son iPod nano rose fluo.

Je n'en peux plus de cette conne. Elle me renvoie à ma régression.

Je me lève en cambrant. Cul à 90 degrés. Manque d'abdos. Je frise le lumbago. Je fais signe à Tabatha et Coraline d'en faire autant, histoire de laisser Gaia en plan. Et puis de toute façon, le petit nouveau du 5B est à l'entraînement comme les autres. Elle n'a aucune chance de le croiser à l'hôtel avant ce soir.

Ce soir, moi aussi, je serai là.

J'attaquerai au buffet.

Il doit aimer la bouffe asiate, vu qu'il donne dans Jackie Chan.

Je ferai une offensive devant les rouleaux de printemps.

Gaia sera en train de se fourvoyer avec le houmous.

Et mon attaquant la jouera hyper protéiné avec omelette blanche, blanc de poulet, blanc de poireaux... Il ----- comme il bouffe, quoi...

Coraline, éclair de génie.

– Y a la nouvelle boutique Philippe Plein qui vient d'ouvrir au Burjuman Center. Une tuerie de sa race. Ça fait trop longtemps qu'on n'a pas claqué, vous croyez pas ?

– Ah ouais, trop mortel. J'ai vu un sac sur la meuf de Messi, je veux le même.

– Tabatha, *angel*, est-ce que tu crois que la meuf de Messi va garder son sac quand elle te verra avec le même que le sien ?

Me rends compte, vanne un peu compliquée.

Expression de Coraline entre un sourire et une sodomie violente.

– Mais est-ce que la meuf de Messie a des raisons de croiser Tabatha ?

Coraline se surpasse. Elle vanne presque mieux que moi. Pas cool pour Tabatha, mais tentant.

– Tu crois qu'elle te follow ?
– Ce qui est cool avec toi, Tabatha, c'est que tu peux t'acheter n'importe quoi... Tu rends personne jaloux.

Tabatha pourrait sourire, pleurer, nous dégommer. Elle est Wag depuis trop longtemps pour se fourvoyer. Elle encaisse. Je suis certaine qu'elle aurait de quoi nous anéantir pourtant. Elle est là depuis tellement longtemps. J'ai vu des photos d'elle avant qu'elle bascule dans la catégorie mamma, elle était raisonnablement mignonne.

– Marrez-vous, marrez-vous. J'ai des fiches sur vos mecs longues comme le bazar de Makelele. Alors d'abord, Coraline, je sais que tu t'es cognée mon connard de mari à Tignes au dernier stage. D'ailleurs il m'a dit que tu sentais mauvais. Que t'étais limite crado. Que c'était ta réputation dans le vestiaire. Comme ton 6. Vous investissez dans tout, sauf dans le déo. Je savais, moi, pour ton 6. J'ai bourlingué un peu aussi autrefois. Mais ton 6, j'ai pas senti sous ses aisselles, je me suis juste occupé de ce qu'il avait entre ses jambes et franchement, il y a pas de quoi fouetter un chat. Ma pauvre, t'as pas pioché le bon numéro. C'est pas de bol pour un renoi. Je comprends que tu cherches mieux. Pas pour l'oseille, mais pour le reste. Tu sais qu'il se fout pas à poil sous la douche ? Et que c'est la risée du vestiaire ? Et c'est pas à cause de la religion, hein. C'est juste qu'il en a le tiers des autres...

Coraline se désagrège. Comme une purée lyophilisée.

C'est vrai qu'elle ne fait pas très clean, maintenant que je regarde de près sa french manucure.

Je moufte pas.

C'est ça aussi, Wag.

Un peloton d'exécution.

Une mise à mort.

– Manuela, ma princesse... Ça te fait quel âge alors, à force d'avoir 39 ans ? Dis-moi ? Ça fait quoi d'être au bord de la liquidation totale ?

La segro a raison.

Je sens que mon livre va être dément.

À côté, *Beautiful bitch*, ce sera *Martine va au match*.

Sinon, alors qu'il est en train de débarrasser notre table et nos épluchures, Tyruj se demande si sa vie est plutôt réussie ou ratée.

« Une femme n'est puissante que par le degré de malheur dont elle peut punir son amant. »

Stendhal

GAIA
76 K ABONNÉS

Mon portable vibre. Je suis busy, je m'adore

Les autres se contentent de changer leur fond d'écran, de poster des selfies grotesques sur Snapchat et de contrôler leur niveau sur la cote européenne de la Wag. Vote ouvert auprès des journalistes, des supporters, des geeks vicelards, de la galaxie médiatico-footballistique.

Coraline est 68ᵉ, Tabatha a quitté le classement avant même qu'il n'ait été créé, je suis 43ᵉ après avoir été successivement 5ᵉ, 9ᵉ, 12ᵉ, 25ᵉ, 31ᵉ, une longue dégringolade mais elle sera lente, je vais m'accrocher comme une moule à son rocher... Quant à Gaia, elle vient de faire une entrée remarquée en dixième position.

Avant de vous faire un topo complet sur cette Gaia, une race à part chez les Wags, je lis mon mail. Vous permettez ? C'est peut-être un *date* avec du blé à la clé. Pas une passe, mais une histoire plus médiatisable, plus *bankable*, plus exploitable, plus pages roses de *So Foot* et pages *hype* de PurePeople.

« *Hello machine. Comment tu vas ? Moi je suis au taquet. Heureuse de ouf. Je l'ai oublié l'autre. Enterré. J'en ai trouvé un autre qui flippe pas à l'idée que je devienne aussi célèbre que lui. Milieu défensif très chou. Je peux même prononcer le mot* calcio *sans avoir d'eczéma. Et j'envisage de faire jouer mon fils au foot dès qu'il saura marcher. Histoire de baiser avec ses copains... ah ah ah, je plaisante.*

Tu rentres quand de Dubaï ?
Dîner au Matignon à ton retour ?
Je veux pécho Lavezzi.
Tu as bien pécho D., toi...

Amela, ta chienne de l'Inter... Et un peu aussi de la Fiorentina et un peu aussi du Genoa... et même du Chievo

Verone. Comme dirait mon ex numéro 7, va cagare. *Mais au moment où il me le disait, c'était pour m'exciter.*

Salut bella.

Tu me manques.

T'es vieille pour aller à Dubaï avec une équipe Champions League, non ?

Elle est là l'autre pute de Gaia ?

Fais-moi plaisir, va à Aquaventure et donne-la à bouffer aux requins. Pas certaine qu'ils la touchent. Trop nocive.

Hé machine, je viens d'enregistrer le futur tube de l'été 2015. Et un clip, je te dis même pas, ma poule.

À coté de moi, Rihanna c'est Nafissatou Diallo.

Teaser (1')
https://vimeo.com/120378909
mot de passe : Queen Amela
Kiffe ma fille, kiffe.

Sinon on m'a proposé de présenter la prochaine émission de téléréalité sur Italia 1.

Je vais prendre de la grosse thune.

Et mon footeux ça le fait grave kiffer que je gagne comme lui.

Tu vois la femme d'Ibra, elle était blindée avant lui. S'il déconne, cassos. Elle a besoin de personne la Scandinave.

C'est ma nouvelle stratégie. Gagner de l'oseille toute seule. Je me sers de mon plan footeux comme marche-pied.

Baci.

Auguri.

Amela, ta Wag pour la vie. »

Amela. Ex miss Calabre qui s'est entichée d'un joueur de la Roma marié jusqu'au cou. Elle a décidé de se venger en se transférant toute seule à la Lazio. Une sorte de rétrogradation pour toute Wag un peu sophistiquée. Ce n'est pas faute de lui avoir dit. À l'époque, j'étais maquée avec un gardien de but italien. Pas Buffon, donc rien de fou. Une humiliation au moment du shopping avec les Wags des autres joueurs.

Amela a toujours voulu devenir chanteuse. Elle a participé à *The Voice* il y a un an, mais c'était l'année de Sœur Cristina. La nonne a tout raflé. Et Amela est rentrée en dép. Elle voulait rendre fou de jalousie son ex de la Roma. Elle a toujours fantasmé sur le modèle Beckham, comme si ça pouvait être un modèle en série de bagnoles, Posh et David. Mais bon, elle avait trop envie de chanter, trop envie de signer des autographes. La Wag mégalo qui se dit : « Oh c'est moi la star ! »

À part ça, une chouette fille avec un joli filet de voix.

Le problème, c'est qu'elle chante globalement à poil et que sa voix passe vraiment à l'arrière-plan.

Bon, n'ayez crainte, vous n'avez rien loupé de décisif. Hier soir, ça a été très calme.

Tous les mecs étaient cramés à cause de la chaleur et de l'entrainement intensif.

Après un enveloppement aux algues et une réflexologie aux pierres chaudes prodiguée par Zhanzu, une chinoise baraque à la peau grasse à tendance acnéique, j'ai fait room service avec mon numéro 9.

On a commandé des langoustines, du risotto à la truffe et du Bollinger cuvée prestige pour moi.

Après, on a maté *Expendables : Unité Spéciale*.

Après, il m'a prise en levrette devant *Expendables 2 : Unité Spéciale*.

Après, on s'est lancés dans un 69 devant *Expendables 3*.

Je l'ai fini vite fait sous la douche à 23 h 48. Il poussait des cris de bête. J'avais l'impression de sucer Stallone.

Je me souviens bien de l'heure, parce qu'au moment de sortir sur la terrasse, je recevais un SMS de Coraline.

« Tu trouve ke je pu toa ? »

J'ai mis une demi-heure à faire la retranscription. J'avais l'impression de bosser à l'ONU et de régler un problème majeur entre les Kirghizes et les Tadjiks.

À 0 h 24, je lui répondais.

« T'inkièt. Pa + ke le parfin 2 Gaia. »

Gaia met Poison

Là, je teste votre curiosité. Je me demande combien d'entre vous vont se pointer chez Sephora pour aller renifler ce truc... À côté, Angel, ça sent ma boulange.

Ce matin, j'ai encore quartier libre.

Je ne sais pas pourquoi je précise, vu que pendant les stages de préparation, la Wag en déplacement, quand elle a le droit de venir, n'a qu'un énorme quartier libre à gérer.

Ah oui, pardon, j'ai oublié le hold-up d'hier chez Philippe Plein.

On leur a fait leur chiffre d'affaires pour l'année.

Je vous ai recopié la liste vite fait.

Bon, peut-être que ça va rien vous dire. Pour résumer, le prix d'un pantalon chez PP, c'est votre salaire.

ACHATS POUR MOI :

Robe trapèze avec patchs strassés
1 195 €
Robe « This is life »
700 €
Veste cuir « Malibu »
2 850 €
Legging « All Smiles »
466 €
Baskets « Sexy Red Lips »
703 €
Jean skinny « Super Sexy Crazier »
1 280 €
Jupe longue « Flying »
1 100 €
Veste en cuir « Easy Rock »
2 195 €
Mini-jupe « Let's Dance »
689 €
Jean « The Other Side Of Me »
595 €
Robe « Glam Kiss »
610 €
T-shirt « Bitch »
265 €
T-shirt « Too Perfect »
411 €
Pochette « Studded »
1 175 €
Blazer « Drunk In Love »
2 065 €
Sac « Futura »
1 625 €

Prix total :
17 924 €

ACHATS DE TABATHA :

Sac rose « Skully »
1 400 €
Pochette « J'adore Plein »
1 215€
Veste en jean homme grande taille « Arena »
1 380 €

T-shirt taille 52 « Spotlight »
520 €
Foulard « Water Issues »
285 €
Baskets montantes « Sugar »
910 €

Prix total :
5 710 €

Achats de Coraline :

T-shirt « Ahoi »
650 €
Short « Wanna Go Out »
634 €
Jupe « Heart Of Mine »
635 €
Jupe « Love & War »
3 000 €
Chaussures de skate « Leony »
800 €
Sneakers « Gentle »
730 €
Robe « Evita »
800 €
Escarpins « Poisonous »
635 €
T-Shirt « Get Up »
410 €
Slim « Explain »
405 €
Gilet « Lips To Lips »
1 780 €
T-shirt « Dress To Kill »
350 €
T-shirt « Be Famous »
340 €

Prix total :
11 169 €

Du coup, je me suis fait respecter grave.

Grâce au décalage horaire, les Wags restées en Europe sont déjà en train d'essayer de me battre.

Quant à Coraline et Tabatha, elles se prosterneront devant ma photo jusqu'à la fin de leurs jours.

J'ai eu 12 567 retweets sur ma picture dans la boutique entourée par deux porteurs. J'ai eu 6 567 like et 123 commentaires dont 122 de collègues. Mon préféré : « Ta vie est aussi parfaite que la mienne. Je suis juste plus belle que toi, mais ça tout le monde le sait », posté par Marika Fruscio. @marikafruscio1, 36,8 K abonnés. La Pierre Ménès italienne. Un Botero 2.0. Rencontrée quand j'officiais à Turin, à Milan et à Rome. Je me souviens d'une soirée mémorable chez Gilda, la boîte *hype* des joueurs de la Roma. Si je donne des noms, ils seront effacés. Je peux juste écrire que la nuit s'est terminée à plusieurs dans une suite du Parco dei Principi.

Donc, vous voyez, sous mes apparences de Wag rance de plus de 25 ans, j'envoie encore du lourd. Je taffe toujours dans la cour des grandes Wags. Je frime, je flambe. Je crame. Parfois j'ai peur de la suite. J'ai un cœur, qu'est-ce que vous croyez ! Je sais souffrir mieux que n'importe quelle femme, alors je me suis barricadée pour durer.

C'est mon numéro 9 qui tirera la tronche quand il verra que je lui ai emprunté sa Platinum. Débit différé. Oh ça va… Il peut faire un effort quand même. En échange, je le mettrai sur le doss Coleen Rooney, @ColeenRoo, 1,2 millions d'abonnés. J'ai son cellular. On a participé à une soirée de charité ensemble chez Nobu. Après, on avait fait la tournée des boîtes londoniennes et des shots de vodka. Mason House, Beat, ToyroOm, Tramp, Libertine… Quelle descente cette meuf ! Sympa, mais pas chic. Je me souviens qu'elle était à fond parano avec les paparazzi. Faut dire qu'elle sortait d'une période *hardcore*. Un an avant, la presse britannique s'était déchaînée en lui apprenant que son doux mari avait fait appel aux services tarifés d'une professionnelle du sexe pour se changer les idées lors de sa grossesse. Wayne Rooney, @WayneRooney, 11 millions d'abonnés, devenu quasi *persona non grata* en Angleterre après une réaction méga violente en plein match qui aurait pu lui valoir de rater l'Euro 2012. Coleen en a bavé mais a préféré passer l'éponge. Par amour ? Par intérêt ? À cause des dommages collatéraux ? Pour tout cela à la fois. Elle aurait pu toucher le pactole, mais elle est restée. Wayne l'a implorée à genoux. La Wag d'origine est une assurance-vie. Elle rassure. Le joueur se dit que son ascension s'est faite aussi grâce à elle. Par superstition, ils préfèrent rester très riches ensemble que très riches divorcés.

Moi, je n'ai jamais eu cette responsabilité-là. Je suis toujours arrivée après la bataille. Je n'ai pas participé à la gloire, j'ai juste sniffé ses miettes. C'est pour ça aussi que j'essaie de ne pas trop me donner. Je garde mes sentiments au coffre-fort. J'ai trop peur de devenir dingue. Alors je peux me permettre d'être aux antipodes de Coleen Rooney. Je suis tout son contraire. Moi, je kiffe les paparazzi, ils sont ma rente, mon assurance-vie. Je fais tout pour être vue, remarquée, shootée. Je suis plus comme Natalie Rooney, la cousine de Wayne, une bimbo peroxydée qui s'était vantée dans toute la presse à scandale d'avoir eu une relation avec Marouane Fellaini. Des preuves ? Pour quoi faire ? Le mal était fait et la rumeur avait assuré à Natalie Rooney une jolie petite gloire *made in England.*

Coleen, c'est différent. C'est une Wag exceptionnelle. Une historique. Mais pas une qui reste avec un pauvre joueur de Lorient. Non, une Wag qui a tout connu, la médiocrité et le climax. Si j'avais pu, je lui aurais roulé une grosse pelle dans le lobby du Blakes après que notre chauffeur nous a déposées. Elle dans sa suite royale, occupation single. Moi dans ma chambre deluxe vue jardin, occupation double. Je rejoignais un fameux numéro 10, mais pas son mec... Ah ah ah...

Ces Wags historiques sont indéboulonnables. Wayne et Coleen se sont connus à l'âge de 12 ans, dans la banlieue de Liverpool, à Croxteth. Ils ont commencé à sortir ensemble à 16 ans. La mère de Wayne avait un mi-temps comme agent d'entretien dans le collège de Coleen.

Wayne signe à Manchester en 2004 après quelques années à Everton. Le train de vie prend plusieurs G dans la tronche, mais Coleen reste accrochée. En 2008, ils se marient à Portofino. *Ok!* débourse 2,5 millions de livres pour l'exclusivité. Le couple vit depuis dans une baraque démente avec piscine intérieure, jacuzzi et j'en passe. Pour faire Brangelina, ils ont même des enfants avec des prénoms chelou, Kai Wayne et Klay Anthony. Et désormais, Coleen et son physique quelconque sont plus surveillés que la reine d'Angleterre.

Alors bien sûr, mon numéro 9 peut toujours aller se brosser avec ses 12 buts l'année dernière et son hôtel particulier sans piscine à 3 millions d'euros. Un péquenaud.

Quand je pense qu'il rêve d'un transfert à Manchester United... Et comme il joue au même poste que Wayne...

Le pauvre, il est assez con pour y croire. L'ambition rend aveugle. Comme s'il touchait déjà un salaire de 15 millions d'euros par an et avait inscrit suffisamment de buts pour marquer l'histoire de son club.

Mais moi, je suis là pour l'embobiner, lui faire croire que c'est possible de faire plus, possible de faire mieux, possible de faire de l'ombre à God Rooney. Coleen ne bougera jamais une oreille, même pour un footeux sans implants.

Direction le hammam

J'ai trop bouffé, faut que je brûle de la toxine.

La buée sent Poison.

Poison, c'est pire qu'Opium dans le genre délire olfactif des parfumeurs. Angel n'est pas loin. Ça fait cagole. Poison et Opium, plus radasse. Bref, chez la Wag, on donne dans le PoisonOpiumAngel.

Assise à poil face à moi, Gaia. La nudité chez elle est aussi sacrée que pour une actrice porno nommée aux Hots d'or.

Dans l'absolu, je n'ai pas envie de lui parler. Je la hais. Pourtant, j'ai un livre à pondre. Gaia, c'est du très lourd, alors je dois essayer de l'amadouer. Autant caresser une mygale.

– Ça va ?

– J'aime pas parler de moi. Je préfère faire parler. Ou qu'on parle de moi. Le genre attraction.

– Super.

Pas simple, la fille. Réorganisation tactique. Je crois que je ne dois pas la prendre avec douceur. C'est le genre à aimer la baston.

– Ça fait quoi d'être une vraie salope ?

La buée s'épaissit. Y a-t-il un portique de sécurité à l'entrée du spa ? J'ai peur du poing américain, du cran d'arrêt, du fouet...

– Je surkiffe.
– Balance un peu, t'es payée au mot ou quoi ?
– Je suis payée pour tout. Je fais rien gratos. Qu'est-ce que tu me cherches ?
– Tu me plais. Je t'admire. Je trouve que tu as des couilles.

Là, je m'étonne moi-même. Je sais qu'il faut toujours dire aux footeux ce qu'ils ont envie d'entendre, mais de là à en faire autant avec Gaia...

– Je sens que tu as une vie de ouf. Je m'emmerde ici avec Coraline et mémé Tabatha. T'es qui toi ?
– Tu crois que j'ai besoin d'un psy ?
– Pas plus que moi.
– Moi j'ai pas de temps à perdre, toi bientôt tu n'auras plus que ça... Je vis utile, tu comprends, je suis en train de bâtir l'empire Gaia.

Au top niveau de la mégalomanie, il y a CR7 et Gaia. Gaia est une WW. *Witch Wag*. Des sorcières, des mantes religieuses, des sangsues, des gourous. Pas belles, mais efficaces dans le *sex appeal*. Gaia a toujours été un mystère, une attraction. Elle peut avoir qui elle veut, quand elle veut. Elle retourne les footballeurs comme des crêpes et accède à leur compte en banque sans plafond.

Il y a quelques autres Gaia célèbres.

La WW d'un Niçois. Rapide historique. Elle est avec un champion du monde. Elle le quitte pour le Niçois… Le champion du monde est fou amoureux. Il baise tout le monde, mais il est fou d'amour pour cette fille. Une histoire passionnelle. Et puis cette WW se met avec le Niçois. Qui laisse sa femme et son gosse pour se mettre avec cette fille qui est une sorcière.

J'ai connu Ivana aussi. Toutes les Wags la détestaient autant qu'elles cherchaient à la singer. Elle posait son regard sur un footballeur et bam, le mec dépensait des milliards pour elle. Elle pouvait dire en parlant d'un joueur : « Lui, c'est ma pute. » Les mecs l'aimaient tous. Elle arrivait en soirée et elle disait à un attaquant, le genre virilissime, profil jeune-espoir-du-foot-français parti tôt se perdre en Angleterre puis revenu galérer en France : « Eh, qu'est-ce que je t'ai dit ? Putain mais qu'est-ce que je t'ai dit ? Vas-y, ramène-moi le Cristal là, tu crois que je vais attendre ou quoi ? » Et lui minaudait : « Mais oui ma chérie ». Il faisait le pédé. Même avec le bonhomme des bonhommes, elle y arrivait. Ivana était une sorcière. Même pas une bombe. Un truc maléfique dans les yeux. Ni intelligente, ni sublime, mais un pouvoir dingue et une assurance tout-terrain. Elle arrivait à décommander les vacances au Club Med de Cancun parce que c'était « trop cheap ». Dans la mythologie grecque, Ivana aurait été la déesse du cheap.

– Comment tu qualifierais la WW, Gaia ?

– Oh putain, tu vas me poser beaucoup de questions chelou comme as ?

– Pas beaucoup non... Juste quelques-unes... C'est la première fois que je te rencontre en face-à-face.

– Vas-y, balance, tu me connaissais avant pas vrai ? Tu avais déjà des meufs qui t'avaient parlé de wam.

– Non. Je me méfie de ce que disent les autres filles.

– Je suis comme du napalm. Après mon passage, faut déménager. Je sais faire raquer comme personne. Je suis mieux que Maddof. Moi, le blé, je ne le vole pas, les mecs me le donnent !

– Tu fais quoi de spécial pour avoir ce traitement de faveur ?

– Je les suce parfait.

– Reçu 5 sur 5 !

– Franchement tu as une teub, tu as envie de me la mettre dans la bouche, non ? T'as envie que j'avale tout le temps ? Je suis archi-cochonne. C'est bon détente quoi... Je les suce parfait mais les mecs sont ouf de wam indépendamment de ça. Tu piges ?

Oui, je pige.

Parmi les Wags, il y a des filles qui déclenchent quelque chose chez tout le monde. Sans aucune exception. Quelque chose qui fait que le mec peut tout leur donner. Pas quelque chose qui fait que le mec va juste mettre un coup de queue. Non, là il va lui dire : « Vas-y, prends tout. Prends tout, je t'en supplie. Tout est à toi. »

La WW a toujours tendance à mieux s'en sortir que les autres. Elle place son fric. Elle multiplie les sources d'approvisionnement. Elle fait même de l'ombre à la Wag *old school.*

J'ai failli devenir WW, mais je n'ai pas eu le cran.

Je vous déçois ?

Celle qui vous écrit est une simple chatte à vestiaire avec un peu de cervelle.

WW, c'est autre chose.

– Je vais te raconter, après tout. Je m'emmerde et ça m'amuse de voir à quel point je suis une winneuse de la mort. Au départ, j'ai vécu pour l'attaque, en mode mec. Je baisais pour qu'il s'attache et après je partais. Pas d'états d'âme. J'ai agi en footeux, quoi. Je me suis spécialisée en dossiers parallèles. Je prenais que des mecs mariés et j'essayais de leur vriller la tête. Mais le footeux résiste bien à la pression, beaucoup mieux que moi en tout cas, et c'est moi qui me suis fourvoyée dans un traquenard. Mais après, ça m'a servi de leçon pour la life. Un jour, j'en rencontre un en boîte de nuit. Au Man Ray... heu non, au Milliardaire. Il me dit qu'il est pas marié, qu'il a des enfants un peu partout.

Et alors, je suis pas de la police des mœurs. Je me mets avec lui, je tombe enceinte au bout d'un mois et dans la foulée, il me demande de l'épouser. Heu, non gars, c'est pas possible. Je me marie jamais moi. C'est pas dans mon plan de carrière. Je suis une roue de secours de luxe, tu piges ? En même temps qu'il me fréquente, il rencontre aussi une autre fille quand il part à la Coupe du monde. Putain, merde. Je jarte l'embryon. Manque de bol, au même moment l'autre tombe enceinte à son tour et accepte de se marier, elle, la pute. J'avais la rage d'avoir été écartée si facilement. Du coup, je me casse avec mes affaires. La veille de leur mariage, je me mets à pleurer comme une merde. Gaia, ressaisis-toi ma fille. Traverse la Manche, va pécho de la Premier League, va pécho à Chelsea, va pécho à Arsenal, vois haut mais chiale pas pour un renoi qui t'a mise en cloque et que tu as jarté. Lui cherchait à me joindre. « Je me marie mais je veux continuer à te voir. » Les footeux n'aiment pas que la fille prenne les devants de la rupture. Ils veulent baser mais pas être jetés. Première leçon.

– J'en ai connu quelques-uns comme ça dans le foot. Ils mettent la main dans ton cerveau.

– Deuxième période, juste après cette enflure, je décide de changer de méthode. Un jour, je suis au Stade de France pour un match caritatif. Tu vois, je suis une bonne âme, en fait. Match de gala, grosse densité de proies au mètre carré dans les loges.

J'arrive dans le coin VIP. Je regarde le match mais je n'en ai rien à carrer. On sort du stade et là, je me fais draguer par deux mecs de l'équipe de Rennes, deux pieds carrés. Ils me disent : « Viens avec nous, on va au Bus avec tous les joueurs. » OK, j'arrive, à tout de suite. Là-bas, il y a même un coach. Il est à côté de moi, il me dit : « J'ai une fille qui a ton âge ». Je l'aimais bien, mais je me dis : « Putain, c'est tous des porcs ». Moi j'allume, je fais la chienne. Je veux juste me faire attraper par du lourd. Au Bus, tous les mecs me draguent. Un des joueurs vient me voir et me dit : « Je peux te parler ? » Il a un petit accent. Il me dit : « J'aimerais bien sortir avec toi ». Et là, j'explose de rire. Frérot, reprends-toi, tu t'humilies là. Je me dis : « Qu'est-ce qu'il a, lui ? » J'ai toujours été habituée aux mauvais garçons. Moi, il faut me dire : « Vas-y, viens ». Et lui me sort ça, trop naze... Il retourne s'asseoir en pensant que c'est mort pour lui. Il finit par me dire : « La semaine prochaine, je joue contre l'OM au stade de la Route de Lorient, est-ce que tu veux venir ? » « Vas-y direct, prends les billets, arrange-toi, je déboule. » Je devais venir, baiser avec lui, aller voir mon match et partir. Et c'était fini, c'était mort. Il ne me plaisait même pas. Je ne le trouvais pas assez grand, pas assez musclé, pas assez connu. Mais puisque c'est l'OM, il y aura de la star. Je voulais qu'il me montre d'autres gens. Je voulais grimper grâce à lui. Il m'avait dit : « Je vais te faire rentrer dans les vestiaires, tu vas rencontrer des gens ». C'était nickel.

– Toujours plus haut.

– Ouais, deuxième leçon. Tu sais, machine, pour un Anelka, il y a trois millions de mecs qui jouent entre Lorient et Guingamp et qui, une fois qu'ils ont terminé, vont gagner petit bras. Cela fait rêver, mais il n'y a qu'une cinquantaine de footballeurs qui sont milliardaires. Barbara Anelka était danseuse de Kamel Ouali. Elle avait rencontré Anelka, ils se téléphonaient de temps en temps, ils se sont revus à un moment. Ils se sont mariés, elle a eu des enfants. Elle vit une vie de rêve. Elle est blindée de chez blindée. Comme jamais personne ne sera blindé. Mais pour une Barbara qui a une vie sympa, la plupart des filles sont dans la dévotion, elles se dédient complètement à leur mari-joueur, bref, elles ont une vie de merde. Ben moi je veux tout à la fois. La vie qui déchire et la liberté.

Gaia se frotte au gant de crin en sifflotant un air de Jennifer Lopez. *I'm Real*... Malheureusement.

– Avoue que ça t'excite !

– Non, tu sais, au niveau meuf, je donne vraiment dans la très très belle. Toi, dans le lobby du Sanderson, on se dit que tu vas te faire refouler. J'ai une trop haute opinion pour me perdre avec un thon, même en Chanel.

– Ma nocivité t'excite. C'est mon côté diable, 666...

Partie analyse sans cul sans action sans dialogue, bref un peu chiante mais requête de l'éditeur pour avoir un article dans les pages société de *Cosmo*.

La femme de footballeur doit gérer avec ces filles-là. Ces filles-là, ce sont les pires. C'est une tornade, un tsunami. Ça peut tout casser. Il y en a beaucoup. Belles et redoutables. Moins belles mais tout aussi dangereuses. Des rebeus, des blacks, des blanches.

Très vite, le piège est en marche. Parce qu'un homme, ça tombe amoureux. Et ça ne tombe pas toujours amoureux des bonnes personnes. Ça peut tomber amoureux d'une pute, de la femme de son capitaine, et bien sûr d'une Witch Wag. *Combien de carrières ratées ou écourtées, combien de divorces, combien de prestations compensatoires astronomiques ? Les mecs trompent leur meuf et après ils lâchent un max.*

Il vous plaît, mon bouquin ? Avouez, heureusement qu'il n'est pas *que* prise de tête.

Partie un peu plus sulfureuse. Objectif *Voici*, *People* ou *Closer* – risque de procès, donc forcément lu par le service juridique qui a perdu le sommeil à cause de moi. Si vous ne reconnaissez pas les noms, c'est qu'ils ont dû mettre des pseudos.

Moi, ce qui m'a fait surkiffer, c'est quand j'ai appris que Thierry Henry avait lâché plusieurs millions d'euros. Claire est anglaise et les Anglaises sont des killeuses. Elles n'ont rien à voir avec les Françaises, parce que déjà la loi est différente chez vous. Un international français de Ligue 1 a fait un enfant hors mariage. La nana l'a attaqué pour avoir une pension et il lui donne 1 500 euros par mois. C'est-à-dire que le juge a décidé qu'elle ne méritait que 1 500 euros par mois. Pour vous dire la différence, T., dont je vous ai déjà parlé, donne 7 000 euros par mois à sa première meuf, française, mais pour la Polonaise qu'il a connue en Angleterre, Ruby, le tarif grimpe à 40 000 euros par mois. Il a quatre ou cinq enfants avec elle, mais bon, c'est énorme. Elle a aussi récupéré le château. En Angleterre, si tu fais un enfant à un footballeur, tu peux aussi le commercialiser dans les magazines. Tout ça peut te rapporter énormément d'argent. En France, où la protection de la vie privée est plus stricte, t'as qued'. Si tu fais un enfant dans le dos à un mec, pour le juge tu ne mérites pas de sous parce que tu es une salope. En Angleterre, la mentalité est complètement différente. Il y a beaucoup plus d'argent, il y a beaucoup plus de dangers. Les Anglaises sont sans pitié.

Ça vous plaît, tous ces chiffres ?

Cette partie, je l'ai écrite juste après ma conversation avec Gaia. Gaia est plus calée en droit qu'un avocat, elle pourrait être *script doctor* pour *Avocats et Associés*. Mais elle ne voudrait pas, c'est pas assez « .com » pour elle.

– T'as compris ma stratégie, ma fille ?

– Racket ?

– Bingo. La vie, c'est faire avec ses atouts. Moi, comme je suis pas assez belle pour être Claire... je me suis dit que j'allais racketter les joueurs différemment. Pas de gosse, ça fait grossir. Juste des intimidations, genre film de voyous et de cailleras.

– Si j'ai bien compris, tu essaies d'importer le modèle anglais en France en faisant chanter les footballeurs.

– Bof ton résumé, daronne. Je drague utile, je pécho efficace et après j'essaie de faire peur en grappillant au mieux. T'as vu ma gueule ? Henry, j'ai aucune chance. Des bonnasses comme moi, y en a des RER entiers. Juste j'appâte, je fais tout, je filme et après allô mon con, si tu veux pas que ça soit *Fatal Attraction* dans ta maison, je te conseille d'être généreux en oseille.

– Pas mal, pas mal... Après, faut pas tomber amoureuse.

– L'autre, elle me parle d'amour. Sur ma vie, tu vas te mettre à chanter Hélène Ségara ou quoi ?

J'ai bien réussi ma carrière de Wag, mais si j'avais été plus retorse, je pouvais obtenir davantage encore. Je n'enregistre pas toutes mes cibles. Je me contente des Wags. Même oublier de prendre la pilule, ça m'a servi à qued'.

Comme quoi, vous me détestez moins qu'au début.

Vous me trouvez presque fréquentable par rapport à une Gaia.

– Moi j'ai jamais aucun scrupule. Le pire que j'ai fait, c'est de faire chanter un joueur dont la femme avait une sclérose en plaques. 300 000, quand même...

Elle me balance ça comme si elle me faisait un point route. C'est véridique. Atroce, obscène, mais la vérité.

Vous avez envie de gerber ?

Moi aussi.

La Wag sorcière est une réalité, une excroissance, une métastase.

Je suis là pour raconter la réalité de la profession.

Gaia s'étale un exfoliant à l'abricot. Je pourrais lui faire bouffer tous les noyaux de Bonne Maman.

– Tu sais, bidule, j'ai aucun respect pour toi. T'es bonne, et alors. On est mille dans ce cas. Et on est interchangeables. Le footeux, lui, se gêne pas pour nous prendre et nous jeter comme une paire de vieilles Ugg. Je suis trop féministe pour accepter ça et me laisser faire.

Bon là, j'ai hésité à convoquer Natacha Polony pour lui demander de réagir sur le féminisme de la Wag sorcière et digresser éventuellement sur sa conception de la pouffiasse de footballeur. Je kiffe la Polony. Je la trouve brillante et assez gaulée en plus. Elle s'habille CFA et se coiffe National, mais j'aime bien comment elle rougit.

Gaia se croit en conf' à Normale Sup.

– Si je chope un footeux, je cherche vraiment à le mettre dans la merde, c'est une rente pour wam. Un vrai plan de carrière. Je veux devenir une star. Comme Rebecca Loos avec Beckham. J'ai rencontré Steven Gerrard au Fontainebleau à Miami. C'est plutôt un mec bien, calme avec sa femme. Le soir, on a un peu parlé. Je voyais qu'il me regardait. Je lui ai dit : « On se voit demain ? » Il m'a répondu : « Je ne peux pas prendre ce risque-là. Chez nous, c'est trop grave ». Trop grave de quoi, fils ? Il m'a dit direct : « Mais tu sais, je suis un culte vivant. Et coucher avec un dieu vivant, ça donne un certain pouvoir. » En France, c'est moins grand train de vie, donc fallait trouver des ruses. Tu connais Drogba ?

– Ben oui, bien sûr, tu me prends pour qui ?

– Je l'ai bien connu à Marseille.

– Moi aussi.

– Tu l'as pécho ?

– *No comment.*

– Putain, dis-moi, c'est énorme... Moi j'ai pas réussi... Trop typée rebeu pour lui, il kiffe les blanches avec des yeux bleus, à ce qu'il paraît.

– Peut-être que j'étais l'exception qui confirme la règle et que j'avais mis des lentilles de couleur.

– Tu me chauffes. Je suis sûre que c'est pipeau... Moi, je chope que les footeux maqués avec des meufs bien made in France. Mon kiff, c'est qu'ils peuvent jamais me dire non.

– C'est le fantasme de tout le monde, ça.

– Ouais, pas la peine de m'embrouiller avec tes mots de poète, là. Fantasme, ça fait bourgeoise. Moi j'assume d'être une vraie chienne. Je me donne pas des grands airs de madame, tu vois. Je suis la boss et lui, ben il suffit que je le siffle pour qu'il remue son anaconda. C'est ça le kiff, le gars c'est le patron sur le terrain alors faut l'humilier dehors. Sinon il est trop relou. Je suis forte en psycho, tous ces trucs-là.

– J'en doute pas.

– Si t'es trop le toutou à sa mémé avec le mec, il se casse. Moi, je m'en bats les couilles qu'il me trompe. On se promet rien. Je veux juste qu'il soit mon esclave quand je suis avec lui et qu'il raque un max.

– Et comment tu fais pour que le joueur accepte ?

– Je lui fous les jetons. Je le menace. Mon 19, j'ai des *tapes* sur lui, mieux que le FBI. Je lui ai fait une Rio Ferdinand. Tu te souviens ?

Oui, je me souviens.

Souviens-toi, Rio

C'est toi qui l'a raconté comme ça dans ton autobiographie.

« J'ai fait l'amour avec une fille. Cette scène a été enregistrée avec son consentement et c'est tout. OK, j'ai un peu joué avec la caméra, mais elle savait qu'elle était là et ça ne l'a pas dérangée. Elle a prétendu qu'elle ne savait pas pour la caméra, mais nous étions seulement tous les deux dans la chambre et la caméra était sur le dessus de la télé. Ma performance était sur la même cassette que l'enregistrement de Kieron (Dyer) et Frank (Lampard) avec quelques oiseaux, mais tout ne s'est pas passé au même moment. Je ne savais même pas ce qu'ils avaient fait. Ce n'était pas une seule et grosse orgie. »

– J'ai provoqué un plan à trois. J'ai tout organisé, réservé la piaule, mis le Cristal au frais, payé les meufs, tout ça. Limite tartiné le tarama. Y avait une webcam qui enregistrait tout. Après, j'ai déroulé... Facile... Que j'allais appeler sa femme, son coach, ses coéquipiers. Sur la tête de mon arrière-grand-mère, je peux foutre la merde dans sa vie sur dix générations.

– Je comprends.

– Tu m'as vue. Je suis pas assez bien pour confirmer. Pour passer de WW à vraie femme officielle, avec la bague et tout. Alors je l'ai joué néfaste. Serial killeuse. J'enregistre tout avec mon téléphone. Le cul et les déclas. Du genre : « Ma femme me fait iéch mais bon, faut que je reste avec maman sinon c'est och. » Et après je ressors les bandes et comme la plupart n'ont pas de couilles, j'empoche le pactole.

Je fais pareil avec toi, Gaia.

Je vais te griller, *hija de puta*.

– Tu vois le 5B, comment je fais pour le pécho, moi ? Il est friable, il va exploser, tous les journaux de foot parlent de lui, ça va être la nouvelle coqueluche, toutes les meufs vont vouloir lui mettre le grappin dessus. Alors au niveau des cibles, on n'est pas mille, ici. Coraline est plus bonnasse. Toi, tu as des heures de vol, ça peut lui plaire, le côté cougar qui prend les choses en main. D'un point de vue purement physique, j'ai même pas les plus gros nibards. Alors comment j'arrive à le serrer à Dubaï ? Je m'incruste dans sa chambre en soudoyant un chaouche ? Si je lui saute dessus, les mecs sont tous aussi cons, il se laisse forcément faire. Sauf s'il a déjà une pute dans son *king size*. Y a des michtos aux quatre coins de la piscine... Il est pas à 5 000 euros près...

Je ne sais plus quoi répondre à Gaia

Elle me cloue le bec et je fais plus de buée que le hammam.

Là, j'improvise un truc.

– Je me le suis déjà tapé, Gaia... Non seulement il est accro, mais surtout c'est pas le genre à faire les soldes.

Répartie correcte.

Intelligence nulle.

Taux de réussite probablement nul.

Comme si je faisais tapis avec une paire de 6.

Je vous raconte tout. Je veux vous expliquer, vous faire progresser. La Wag est influençable. Le mal déteint mieux sur elle que le bien. En présence de Gaia, je deviens aussi machiavélique qu'elle. La Wag est une copieuse, une suiveuse. Pour le comportement autant que pour les stilettos. En gros, la Wag veut piquer les mecs, piquer les looks, piquer les feux de la rampe...

La Wag est une kleptomane d'identité

La force de Gaia est d'anticiper n'importe quelle attaque ou tentative de déstabilisation.

Elle est programmée pour ça.

Elle fait *all in* avec une quinte flush.

Je peux rentrer dormir.

– Merci chérie. J'en espérais pas tant. Alors je t'explique comment la fin du week-end va se passer.

Je vais aller voir ton numéro 9 qui est une grosse brêle et je vais lui faire écouter... Tu sais, j'ai un portable waterproof fait pour le sauna et le bain turc. C'est là où j'ai chopé les plus belles déclas. À poil, on se lâche.

J'entends Gaia sourire.

Je n'ai même plus chaud.

C'est dangereux de se sentir invincible.

J'ai bien fait mumuse et Gaia vient de me trucider.

Faut que vous sachiez ça aussi.

La Wag comme moi a toujours peur. Surtout quand elle vieillit et qu'elle n'a pas de garantie.

Peur de se griller, peur de ne plus être dans le circuit, peur d'être reléguée, peur d'être blacklistée. Comme un joueur qui a connu le top niveau et qui se retrouve dans le championnat indien.

La Wag vit dans la peur.

Surtout la Wag française, qui a moins de droits et de privilèges que la Wag anglaise ou italienne.

Et Gaia, c'est la politique de la terreur.

Je sors du hammam

Je ne sais même plus où aller. Mais je sais que vous n'en avez rien à foutre de moi. Après tout, je l'ai bien cherché et je n'ai pas de quoi me plaindre.

Ma vie me ressemble.

Belle et frimeuse.

J'aime la Vodka Belvedere, la Grey Goose et le Tsarine Rosé.

J'aime baiser après avec *Nae Nae* de SmoKee Lee dans les Bose.

Je n'aime pas les soirées d'après-match avec des joueurs qui font des comas éthyliques.

Je n'aime pas tourner en rond.

J'aime les mises au vert, surtout quand j'arrive à m'y incruster en secret.

J'aime constater que je suis dans le top 3 des Wags Ligue 1.

Je n'aime pas constater que je suis 75e dans le *ranking* des Wags Premier League.

J'aime les Wags mammas qui réunissent tous les enfants, légitimes et illégitimes, de leur mari footballeur.

Je n'aime pas les mecs qui ont besoin d'être avec une nana qui les idolâtre. La femme dévote, un peu dominée donc. Dominée par le statut, par la superbe et un peu à sa disposition. Oui, une maîtresse d'école, une femme-enfant. En même temps, c'est compréhensible. Si tu as le choix, tu prends une nana qui est à ta disposition. Comme ils sont malgré tout dans des carrières très éphémères, ils ont besoin d'un truc qui les rassure.

J'aime le restaurant Cesar, on y mange halal mais on y boit de l'alcool. Le footballeur s'y retrouve.

Je n'aime pas les footballeurs menteurs.

J'aime les pléonasmes.

Mon problème, c'est que je les excuse. Tous mes briseurs de cœur, mariés, mythos, tout ça... Je sais que ce sont des mecs qui ont beaucoup souffert pour pécho des filles quand ils étaient jeunes. Ils n'avaient rien, ils n'avaient même pas de quoi prendre le bus. Ils étaient à 8 dans deux pièces. Et d'un coup, ils se sont aperçus que les plus jolies filles du monde étaient après eux. Même Noémie Lenoir a beaucoup souffert avec Makelele. Plus belle, pourtant, ça ne se peut pas. Mais ce n'est pas ça, l'enjeu. Elle est tombée un jour sur lui et lui-même n'y croyait pas trop. Et elle en a bavé, elle le dit elle-même : « Il m'a blessée ». On est nombreuses à avoir été blessées. Les footeux aiment les femmes. Ils ne te disent pas la vérité. Ils te disent juste ce que tu veux entendre. Ils ont besoin tout le temps de consommer, de prouver. Il y a des millions de gens qui crient ton nom, tu dois avoir une éjac à chaque fois que tu mets un but. C'est leur drogue à défaut de se droguer. Avec la baise compulsive, ils ont l'impression d'être surpuissants. C'est peut-être aussi une manière de se mesurer, de se dire : « Qu'est-ce que je vaux ? Qui je peux avoir ? Eh bien je peux avoir tout le monde, comme je veux, quand je veux. »

Bon, parfois, ils auraient intérêt à ne pas trop se mesurer. Tous n'ont pas de quoi faire l'hélicobite dans les vestiaires. Ma copine rebeu est sortie avec un Ballon d'or. Immense joueur, mais petite bite. Elle me disait que le cul avec lui, c'était horrible. Mais c'était le Ballon d'or. Tu étais avec le plus grand.

Après, ça peut virer à la pathologie. Je connais des mecs pour qui c'est tous les jours, tout le temps. Je peux le comprendre, c'est exactement comme quelqu'un qui est cocaïnomane. C'est une addiction. Après la Coupe du monde 98, c'était vraiment le summum. Les filles rappliquaient par cargos. Tout le monde est au courant de certaines histoires. L'un des mecs de 98 est même tombé raide dingue d'une fille. Il était fou d'elle, mais il devait niquer sur un jet. Il ne pouvait aller nulle part. Ces mecs ne peuvent pas tromper leur femme parce qu'ils sont trop stars.

Fin du troisième jour

Ciel laiteux.
Température de l'air : 38 °C.
Température de la mer : 26 °C.
Température du lagon : 32 °C.

Pas de nouvel achat.

Ah si, une sublime valise Gucci pour remporter tout mon shopping.

Ah si, la nouvelle Tag Heuer chronographe en platine.

Ah si, des babouches Louboutin à picots et perlouses.

Pas mal avancé sur mon bouquin.

J'avais oublié que les déplacements étaient aussi chiants.

J'en suis aux deux tiers.

Mon éditeur me harcèle. Il doit quand même avoir envie de me pécho un peu.

Posté de nouvelles photos de moi sur Instagram. Dont une très classe dans le bain moussant avec un sifflet dans la bouche et une autre avec un faucon sur mon cul.

567 nouveaux followers.

Envoyé un sms à @_OlivierGiroud_, 1,3 millions d'abonnés, et un autre à Arsène Wenger.

Envoyé un MMS à un attaquant de Liverpool.

MMS dénudé, *of course*.

MMS en retour, en mode je suis le fils spirituel de JoeyStarr et de La Fouine.

Trois heures de FaceTime avec Louise, la meuf du numéro 21. Conversation de fond en comble.

Louise devait venir avec nous à Dubaï, mais elle a eu une énorme galère. Un coup du sort. Une cause de deuil national pour la Wag. Un bouton de fièvre.

Elle a préféré mentir à son mec en lui disant que son père avait été hospitalisé.

Extrait de notre conversation sur FT :

– Ça va, tu t'éclates ?

– Oui, c'est génial.

– Il bronche pas le mien ? Tu surveilles hein ?

– Sage comme une image.

– Gaia lui tourne pas trop autour ?

– Non, elle est à bloc sur le nouveau.

– Ah oui, elle aussi. Quelle tepu !

– Quoi, qui d'autre est sur le doss ?

– Moi et Coraline. On a parié le nouveau sac Zadig, le même que celui de Cameron Diaz.

Louise fait les cent pas. Au mur, des photos de sable fin. Google Images recense 1 546 768 occurrences pour Louise. 50 % nue, 45 % en maillot, 5 % en état d'ébriété.

– Ah carrément ? Ben Coraline m'a rien dit… et avec son mec qui la surveille plus qu'une webcam, je vois pas comment elle va pouvoir…

– Tu veux te mettre dans la boucle ? Je sais pas s'il aime les vieilles, mais bon, vu que tu es sur place aussi, tu peux toujours tenter.

Sympa Louise, non ?

Pourtant, je l'aime bien. Elle est d'un naturel déconcertant. Quand je lui demande ce que c'est, femme de footballeur, elle me répond :

– Bon physiquement, c'est vrai, on donne toutes plus ou moins dans le mètre ruban, 100-60-90…

Le 100, on l'obtient avec le bistouri, hein... Y a la Mercedes AMG, la tocante porte-avion et les prothèses nibards. Moi, je vais te dire, j'aime la vie, j'aime pas les prises de tête, c'est pour ça que je suis avec mon 21. Le matin, je me lève tard, je déjeune avec des copines, après je vais le chercher à l'entraînement, je me fais quène avec les crampons aux pieds. Puis je vais faire fumer la carte bleue de papa. Tout est réglé. Je vis mes rêves par procuration. Moi, je m'en fous, ce qui compte c'est que mon mec devienne quelqu'un, qu'il perce.

Louise a un short Abercrombie et un débardeur ficelle sur les seins.

Elle fixe son écran comme si elle devait décrocher un rôle avec Rocco Siffredi.

– Mais Louise, dis-moi, qu'est-ce que tu veux faire *toi* dans la vie ?

– Moi, mon rêve c'est d'avoir des abdominaux comme dans les clips américains et d'être bronzée.

En effet, tout en me parlant, Louise bosse ses obliques.

Je ferais mieux d'en faire autant.

Sa race quand même.

– Non mais sinon, c'est quoi ton ambition ?

– La seule, vraiment, c'est que mon mec soit appelé en équipe nationale. Je préfère un moche tricolore qu'un beau L1. J'ai le fantasme de l'hymne et un peu la folie des grandeurs. Je le fais chier pour qu'il prenne une maison avec une plus grande piscine.

Pour avoir été plusieurs fois invitée dans la baraque du 21, je confirme. Louise saute bien comme il faut dans la piscine. Et elle a un doctorat de bronzage.

« Je n'aime pas le temps qui passe. Ça me fait peur de me dire que mon corps ne m'appartiendra plus, qu'il sera entre d'autres mains, abandonné. »

Zahia Dehar

LE 5B

987 K ABONNÉS

C'est la dernière soirée

Un dîner de gala avec les huiles locales et nos boyfriends vedettes.

J'ai fait péter la robe Cavalli et les cuissardes reptile. La Wag ne recule devant aucune audace vestimentaire. À Dubaï en cuissardes, la prochaine fois je foutrai un string à Courchevel.

Vous l'avez compris, une Wag comme moi a un petit côté top model. Elle cherche par tous les moyens à sortir du cadre, à attirer les rétines.

Un somptueux buffet a été dressé au bord de la piscine. Des barbecues thématiques, des woks *fat free*, des tajines *full fat*.

Le doc de l'équipe s'est affublé d'un sombrero et d'une pute qui pourrait être sa petite-fille. Il transpire comme du saumon fumé.

Tabatha a pris un coup de soleil, il va lui falloir un container de Biafine. Elle tient la main de son footballeur. Une manière de dire aux yeux de tous qu'on fait front, qu'on est ensemble, qu'on forme un putain de tandem malgré les tromperies, les humiliations, les intimidations...

Coraline est en talons jaune fluo, mini-jupe rouge et top orange fluo. De loin, elle fait la circulation. Je me souviens que je vous avais dit que je voulais essayer de me la taper. J'ai vaguement essayé de la peloter dans la piscine ce matin. Elle s'est marrée en me postillonnant dessus. Ça a calmé mes ardeurs et mes envies de foutre le bordel.

Gaia s'est retrouvée par je ne sais quel miracle à côté du 5B. J'ai les boules.

Tenue de Gaia ? Heu... les mots me manquent. Un fourreau en macramé. Mais du macramé avec beaucoup de trous.

Mon 9 s'est blessé pendant le match amical. Une sorte d'élongation au mollet droit. Avec l'âge, il devient plus chochotte que Gourcuff. Il se déplace en boitant et avec une vessie qui lui donne l'air passablement con. Ce n'est pas que d'habitude il ait l'air particulièrement intelligent, mais bon, un peu digne quand même... Comme le standing d'une Wag est aussi indexé sur la valeur marchande de son footballeur et qu'elle impressionne plus ou moins en fonction du matos qui est à sa disposition, eh bien que les choses soient claires, j'ai grave les boules pour cette dernière soirée, le mien fait tout sauf aimant à meufs. Il fait presque pitié et par ricochet, je le fais aussi. Mauvais point pour moi, rapport au 5B. On décolle demain, je n'ai même pas réussi à lui sourire une seule fois. À peine frôlé un matin devant le stand omelette. Pas de quoi le poster sur Twitter.

J'ai perdu la main, c'est évident.

Dans son état, quelque part entre l'ectoplasme et le légume, je n'ai aucune chance que mon 9 rende un peu jaloux le 5B. Aucune chance que le 5B ait une envie soudaine de mettre sa bite là où le 9 met la sienne. Autant dire que c'est *dead* pour moi. On arrive à la fin du bouquin et j'espère que vous avez bien intégré que chez les footballeurs, c'est concours de bites *non stop*. Presque tout se joue dans le vestiaire. On se compare, on se vanne, on se jauge, on se ment.

Une fois, un de ses coéquipiers avait dit à mon footeux de l'époque qu'il m'avait baisée dans une partouze à Lyon. J'en ai fait des partouzes, mais lui, je ne l'ai jamais croisé nulle part. (Dommage d'ailleurs, ça ne m'aurait pas déplu.) Politique de l'intox. Mon footeux était accro, il me kiffait bien. Il était marié mais je lui plaisais. Je ne crois pas qu'il avait des milliers de doss en plus de moi. Bilan, non seulement il m'a jetée, mais il m'a grillée en Rhône-Alpes pendant au moins une saison.

Back to Dubaï. Un DJ local nous met des sons de cithare à égorger l'ensemble des chameaux du golfe Persique.

On nous annonce une danseuse du ventre et des dompteurs de serpents. On est dans le cliché Lawrence d'Arabie jusqu'au cou.

Forcément, un des membres du staff va vouloir se cogner la danseuse. Sauf si elle est maquée avec le charmeur de serpents. Là quand même, ça fout trop les jetons.

Coraline entame la conversation avec son voisin de gauche. Le RP des montres Rado pour tout le Moyen-Orient.

– Vous savez toujours l'heure qu'il est, vous !

Le mec, un Libanais plus gras qu'un kebab, glousse en matant les seins de Coraline. Il défait sa montre, même si là tout de suite c'est plutôt sa ceinture Hermès qu'il rêve de défaire.

– Ah oui, elle vous plaît ?

Coraline s'esclaffe. Son numéro 6 la dévisage. T'es gentille, poupée, te donne pas en spectacle, j'ai un standing.

Selfie de Coraline avec le mec des montres.

Il cherche à entamer la conversation comme si c'était l'enjeu avec elle, le dialogue.

Je suis en train de vider le pichet de sangria et ça me fait penser au Barça, enfin à un célèbre milieu offensif du Barça des dix dernières années. Plus petit que moi et pas noir. *Claro ?*

Gaia a dû empoisonner son numéro 19. Il est parti aux chiottes depuis une heure et il n'est toujours pas revenu.

Tabatha me met le grappin dessus

Son footeux est monopolisé par le RP du groupe Emirates.

– Tu le sais comme moi, Manuela. Globalement, tous les footeux sont des gigantesques queutards.

À part Anelka qui est un des rares à ne pas broncher et Ibra qui s'est maqué avec une femme plus âgée et aussi blindée que lui, tous déroulent du câble. Même ceux qui ne bronchent pas, ils bronchent quand même. Globalement, faut vraiment qu'ils soient teubés pour aller payer une pute.

(Vous voyez qui elle vise ? Si je mets les noms, c'est presque une insulte à votre expertise en faits divers people.)

Ou alors, c'est qu'ils veulent être absolument certains que la fille ne parlera pas.

(Et encore, Tabatha, même les putes parlent parfois. Beaucoup d'éditeurs sont sur le doss Zahia, je te signale... Même le mien m'a demandé si j'avais son 06. Bien sûr que je l'ai, lapin. Mais c'est très cher.)

Si je suis un mec et que je suis blindé, si je paye une pute, c'est pour qu'elle ne parle pas. Donc le footeux peut se payer une pute s'il veut vraiment la tranquillité et qu'on ne le fasse pas chier. Comme les hommes politiques, les acteurs ou les grands rappeurs américains. Tu fais venir la pute, tu la sautes, tu lui donnes son oseille et basta.

– Pourquoi tu me racontes ça maintenant, Tabatha ? Je le sais, moi. T'es bourrée ?

– Après, si tu payes pas la fille, c'est que tu cherches l'embrouille. Tu prends une pute, tu la payes. C'est la base.

– Je sais. T'es torchée ou quoi ? Lâche-moi maintenant Tabatha.

– Comme le nombre de footeux qui ont un enfant à côté. Quand tu trompes ta femme, tu mets une capote. C'est la moindre des choses si tu la respectes encore un tout petit peu. Pourtant, il y en a beaucoup qui ont des gamins à côté. Y en a un qui a repeuplé la région PACA. Comme l'autre qui se la joue mannequin vedette, là. Marié très tôt, adore ses enfants, mais très très dépendant de sa meuf. C'est un peu la maman. Elle le tient en laisse. Et lui a besoin d'être tenu, sinon c'est la totale. C'est quelqu'un qui aime les femmes. Un putain de séducteur. Il est tellement beau, il a eu toutes les plus belles filles. Sa femme était très jolie, elle l'est un peu moins maintenant. Elle a la ride du souci, tu sens qu'elle a morflé. Elle passe sa vie à l'attendre, à le regarder. La groupie du footeux. Lui a une ambition dévorante et elle, elle est derrière. Elle monte la garde. En même temps, elle sait qu'elle ne le quittera jamais.

– Pourquoi tu me dis ça, chérie ? Ça va pas ? Tu as envie de pleurer ?

– Mieux vaut mourir de chagrin que quitter.

Je n'ai pas tout compris, mais je retranscris sa phrase mot pour mot.

Le visage de Tabatha est congestionné. Elle a bu, elle se lâche. Quant à sa djellaba Versace, même pour un rideau de douche je n'en veux pas.

En revanche, je tuerais pour une vodka.

Je remarque que mon existence s'est peu à peu remplie de conditionnel.

Demain, avant l'avion, je ferai un footing. Saloperie de futur.

– J'en ai marre qu'on me prenne pour une grosse conne, Manuela.

Renvoi d'Americano. Le rêve américain s'infiltre partout, même dans une cuite.

– Tu es cuite, Tabatha. Tu devrais rentrer te coucher.

– Non, j'en ai marre de tout subir. Tu sais quoi de moi finalement ?

Tabatha m'a à la bonne. Quelle plaie. Pendant ce temps, Gaia joue à Candy Crush avec le 5B.

Bon là, vous ne vous rendez pas compte. Parce que vous tous, dans vos petites existences banales, vous avez déjà consommé des heures de Candy Crush pour tuer le temps dans le métro ou dans une salle d'attente. Pas pour draguer.

Contrairement à Gaia, qui utilise l'appli comme des préliminaires dignes de YouPorn.

Tabatha en roue libre, avant la cellule de dégrisement. Son footeux est en train de mater une Hollandaise à la table à côté. Un rien mastoc, mais sylphide par rapport à son veau de femme.

– Tu vois, tu me méprises comme Wag. Coraline me méprise. Louise me méprise...

– Mais arrête... Tout le monde méprise tout le monde. La société est comme ça.

Je suis à cours d'arguments. Je suis écrivain, pas sociologue ou anthropologue. Ma came, c'est plus Marc Lévy que Claude Lévi-Strauss. En plus, Gaia est en train de jouer à Candy Crush avec sa langue. Et comme son footeux a bien été intoxiqué par une huître avariée, ben elle est *more than free*. Et moi je suis *more than vénère*.

– Tu sais que j'ai fait des études ?

– Non... enfin, oui...

Je m'en fous, surtout.

– Bac +4.

– Génial, Tabatha. Tu veux une standing ovation ? Qu'on porte un toast ?

– C'est ça ma force, tu vois. Je suis une tête qui parle racaille. Ça m'amuse. « Ouéch, t'es chelou toi avec tes phrases d'intello. » OK, je suis en mode régressif. OK, j'ai un orgasme mental quand je vois mes copines de fac galérer en stage marketing chez Colgate alors que moi je roule en Porsche et partir en vacances à Palavas quand je me barre à Las Vegas... Ça sonne presque pareil, pas vrai ?

– La vie tient à quelques lettres...

– Mon père me voyait mariée avec un notaire bedonnant. Trois mômes, un PEL... J'avais la folie des grandeurs pour moi. Et lui pas la même, visiblement. Un jour, je l'ai invité au club. Pour l'humilier. Pour lui montrer que sa fille unique, sa fierté, avait dévié de son droit chemin. Je voulais qu'il voie que femme de joueur, ce n'était pas un truc honteux. Qu'on pouvait rencontrer des gens bien. Que ça pouvait même être un milieu honnête et respectable. Lui, aucune sensibilité à tout ça, mais vraiment zéro. Je l'emmène dans les loges et là, c'est un mélange de putes, de rappeurs, de mecs de stand-up, de meufs avec les cheveux courts rouges, de rombières de la FFF, de gens plus chelous les uns que les autres. Même l'entraîneur de l'époque sortait avec trois meufs. C'était hyper malsain. Moi, ça me faisait kiffer d'avoir les codes de ce monde-là. Il y avait des filles devant nous qui attendaient le coach et lui leur disait : « Je suis avec ma femme, je ne comprends pas ce que vous voulez ». Des gens nous klaxonnaient dans la rue, des meufs nous montraient leurs tétés. C'était géant, un film de ouf. Mon père n’a pas compris du tout. Il m’a dit : « Je ne comprends pas, je suis perdu, c’est immonde ». Pendant ce temps, moi je me trouvais. La Bac+4 se faisait tringler comme une chienne et vivait comme une princesse. Rien de mieux, non ?

Tabatha soupire.
Je soupire.
Rien de mieux, en effet.

– Tu sais, Manuela, quand j’ai commencé à sortir avec mon mec, mon futur mari, j’ai pensé que je ne pouvais pas être plus heureuse que ça. Je sentais que c’était fragile. Il matait toutes les autres meufs, et alors ? Je me disais qu’il y avait beaucoup de chiennes, mais peu de chiennes diplômées. Que l’on n’était pas nombreuses à gérer notre carrière de Wag comme un projet sur le long terme. En observant les autres filles, je voyais les deux principaux travers, les deux routes tracées en pointillés… Soit devenir la maman, le dossier plan plan, les mômes avec le 4X4, la femme de… Forcément cocue. Fermant les yeux sur le fait que tous les culs qui entourent son mari ont la moitié de son âge et font la moitié de son poids. Soit, de l’autre côté, le plan baise du soir, de la semaine, au mieux du mois… Ces filles, c’était autre chose, Wag kleenex, comme la dernière paire de pompes à la mode, la saison d’après on la met au vide-ordures ou on la refile à sa concierge… J'ai préféré la maman. Ça faisait plus Bac+4.

Gaia quitte la soirée. Quelques foulées derrière le 5B.

Je n'y crois pas. Elle va lui pourrir la vie et me gâcher ma nuit. Le 5B est encore naïf. Il ne sait pas qu'elle va le faire chanter et qu'elle va foutre la merde dans le vestiaire.

Gaia a anticipé des transferts, vous savez. Un en Italie, un en Angleterre, deux en France. Une Wag sorcière est parfois plus interventionniste qu'un agent. Elle accélère un départ, favorise une arrivée.

Le 5B va devoir lui lâcher une blinde, mais il ne le sait pas encore.

Vous vous dites que j'exagère ?

Non, désolée.

La vie privée et ses dérives ont un impact sur le niveau sportif du footballeur.

Même CR7 perd ses moyens quand Irina le quitte.

La Wag, moteur ou frein au déploiement du talent de son footballeur.

Gaia est une marche arrière, un frein à main, un crash.

Coraline a raflé une Rado.

Plus loin sur la terrasse, près des jets d'eau qui jaillissent de la bouche de dauphins en fer forgé, on sort les cartes et les biftons.

Le poker, reconversion du footeux festif en quête de frisson et d'adrénaline.

Moi aussi, je joue. Quand j'étais en Italie, je jouais pas mal. Mes performances ? On retiendra surtout ma 48e place au Main Event de l'EPT San Remo 2011, pour un gain de 14 000 €.

Du coup, on m'avait proposé de devenir l'égérie de Sisal Poker.

Super opportunité pour moi. Du blé, de l'exposition. J'ai dit oui, mais entre-temps une autre Wag m'a grillé la politesse. Linda Santaguida, 35 ans, @lindasantaguida, 14,4 K abonnés, mannequin bonnasse connue pour avoir joué dans la série *Quelli che il calcio* de 2003 à 2005. Compagne du joueur italien de Catane Luca Ceccarelli, elle a aussi participé en 2006 à la mythique émission *L'Isola del Famosi,* comme de nombreuses velines locales...

Je ne faisais pas le poids pour le marché italien.

En plus, j'étais trop métisse pour percer à Rome. Sont pas Blacks *at all,* les Ritals.

La table.

Le numéro 6, estampillé Winamax, le coach, le toubib, son tapin, le directeur de l'hôtel, un RP de la LFP, la Hollandaise et le 4, donc, qui a rappliqué dare-dare quand il a vu que le Red District s'était réincarné dans les courbes de cette blonde dont le tour de poitrine doit approcher 1,87 m.

Je vais aller bosser.
Pas envie de jouer, pas envie de baiser.
Juste envie de boire et de fumer.
Je suis de plus en plus écrivain, moi.

« Le succès fait aux États-Unis à un film comme Fatal Attraction, *par exemple, est intéressant parce que la maîtresse y est présentée comme un monstre presque extra-terrestre, une sorte de Martienne érotique, une âme errante et douloureuse qui ne demande qu'une chose, c'est de rentrer dans le monde en devenant une épouse officielle et légitime et en ayant des enfants. »*

Philippe Muray
Essais

RE-MOI

J'aime tenir mes promesses

Alors oui, comme vous m'avez détestée tout au long de ce livre, je vais vous rassurer en vous expliquant comment je suis devenue comme ça.

Vous vous direz : bien fait pour elle.

J'ai voulu jouer, j'ai trop joué... et d'autres ont mieux joué que moi.

Celui dont je suis tombée amoureuse a déboulé dans ma vie un an après l'épisode du San Lorenzo à Londres, celui du Cacao à Turin, celui du Byblos à Milan, celui du Piper Club à Rome, celui du Queen à Paris, celui du... Pendant une année de Wag grand train de vie, j'avais eu le sexe en mode cliché rap américain. La musique, les gonzesses, la belle tocante... Inutile de tous vous les raconter, ce sont des copiés-collés. Je n'avais jamais vraiment été désirée, je rentrais juste dans le bon casting pour participer au cliché. Tous mes footballeurs suivaient le même schéma : « J'ai besoin de savoir que je plais. Je dois remplir mon devoir. Je rentre avec Manuela. Donc il faut que je la pine. » Mais ils ne me pinaient pas avec tendresse. Ils m'attrapaient par les cheveux, des bestiaux. Je savais à quoi m'en tenir, c'était dans le contrat. J'avais des contreparties.

Puis l'un d'eux s'est comporté différemment. Il ne m'a pas baisée comme les autres me baisaient. Et le problème, c'est qu'il savait s'y prendre. Je vais l'appeler Keyzer Söze, ça fait à la fois foot et thriller. Le mec est touchant. Il est différent. Il a une souffrance. J'ai connu plein de mecs qui se la racontent un peu, qui se la pètent. Plein de mecs qui m'énuméraient tout ce qu'ils possédaient, le genre inventaire. Ça peut me faire bander pendant deux minutes, mais ça ne va pas me faire tomber amoureuse. Mais un mec qui souffre comme lui était en souffrance, ça je ne l'avais jamais vu. Ça m'a trop touchée. On s'est regardés toute la nuit. Je sentais qu'il me kiffait.

La première nuit que j'ai passée avec lui, alors qu'il voulait grave me sauter et qu'il était sur la béquille, il m'a dit : « Je préfère ne pas te baiser, t'es ma princesse ma Manu, je préfère attendre. » Dilan, il a reniflé du Armani Privé pendant toute une nuit. Le lendemain, j'ai appelé mes copines et je leur ai dit : « J'ai rencontré l'homme de ma vie. » Quand je lui en reparle maintenant, il me dit : « Je suis trop fort, tu pouvais pas me résister Manu, t'étais foutue ! » Je lui réponds : « Mais putain, comment t'as pu me dire ça ? »

Alors j'ai pété un câble, normal ! Hôtel de luxe, dîner tuerie chez IYO, menu sushi aussi cher qu'une Smart, l'homme le plus beau du monde, bien foutu de ouf, une énorme teub, et il me dit : « T'es ma princesse ». Je ne pouvais pas ne pas l'aimer. J'étais paumée, foutue. C'était fini pour ma gueule en une soirée. C'est pour ça que j'aurais rêvé d'être footeux. Je leur aurais fait ça à toutes. Je les aurais toutes baisées en leur disant la première fois : « T'es ma princesse, bébé ! ».

Oui, je vous ai menti

Un gros bobard. Mais comme on va se quitter, je vous dis tout.

Après avoir voulu simplement se blottir contre moi et m'avoir dit je t'aime...

Je suis tombée enceinte.
C'était la première fois de ma vie.
Je deviens une autre femme.
Et donc ?

Un soir, je fais le déplacement avec lui à Madrid, mon portable sonne... « Je suis la femme du mec qui vient de te sauter. T'es qui toi ? T'es encore une de ses putes ? » Et là, mon monde s'écroule. Il n'y avait pas que moi à côté. On était une petite dizaine à croire être les élues. La star non officielle. Salopard.

Pour la première fois de ma vie, je me suis sentie piégée. Il m'avait fait un cinoche de malade. Je n'avais rien vu. Il était avec une meuf depuis dix ans, depuis le centre de formation. Deux mioches. Je pensais être l'officielle. Et là, je passais pour la conne de service. Il voulait juste de la chair fraîche.

Je me suis cassée en Italie. J'avais une copine maquée avec un attaquant de la Juve. J'avais une obsession, me taper des potes à lui pour le faire iéch. Mais je suis revenue comme un toutou. Wag, c'est savoir jouer au yoyo. Il m'a juré promis craché que je serais la seule. Enfin, la seule à côté de l'officielle. Genre à jurer sur plusieurs générations. Je suis retournée près de chez lui. Il avait le pavillon et moi le loft. Je ne le croyais pas vraiment, mais bon... Ce qui me plaisait, c'est le mal qu'il se donnait pour me le faire croire. Il était devenu agressif. Il me mettait minable. C'est le premier mec qui m'a donné envie de me bourrer la gueule. Quand il me voyait faire n'importe quoi pour lui, il en tirait un sentiment de pouvoir et de toute puissance. Je n'aurais jamais pensé aimer quelqu'un au point d'avoir envie de mourir. On m'aurait dit : « Meurs tout de suite, donne ton cœur », je le lui aurais donné. Il le savait. J'étais comme ça, mais en même temps un peu pute. Je voulais quand même le rendre malade. C'était hyper malsain, notre relation. En boîte, quand il matait des meufs, je leur jetais des bouteilles sur la gueule. C'était la misère... De mon côté, j'essayais de le rendre jaloux avec d'autres joueurs plus connus. Il y a tellement de concurrence entre les joueurs. Pour eux, une nana, c'est comme une voiture. C'est un trophée. Nous, les filles, on n'est que des trophées.

J'ai souffert le martyre.

J'ai avorté.

C'était horrible.

Tout ce que j'ai fait dans ma vie, je l'ai fait à cause de lui. Mais je n'arrive pas à avoir de la haine.

On ne s'est plus parlé pendant 3 ans, 2 mois et 6 jours. Une éternité.

On était aussi peu faits l'un pour l'autre qu'on était faits l'un pour l'autre. C'est ça, être avec un footeux. La drogue te perd et te donne l'impression d'être invulnérable. J'ai systématiquement cherché l'overdose avec lui.

Quand j'ai compris que j'étais un *back street*, ça a été terrible. J'avais beau me dire « les années avec un footeux, tu les regretteras jamais, tu t'en rappelleras toute ta vie »... Et le pire, c'est que c'est vrai. Un cadeau d'anniversaire, c'est une Audi TT. Tu as constamment ton cœur qui fait des bonds parce que tu sais que tout le monde est après ton mec. Tu as celui que plein de gens voudraient avoir. Moi, cela fait partie de mon caractère. J'ai toujours été comme ça. J'ai toujours aimé celui que tout le monde voulait, celui que tout le monde aimait. J'étais malade de jalousie. Puis malade tout court... Il était marié. Et même si je faisais tout pour qu'il quitte sa femme, une moche coincée du cul, je m'étais mise malgré moi dans un plan foireux. S'il trompait maman, je me disais que des plans comme moi, il en avait des valises. J'avais échoué. J'ai commencé à la jouer psychopathe. J'ai essayé de le suivre partout. Quand il était en déplacement, je savais qu'il était encadré et qu'il ne pouvait rien faire.

Une fois, il s'est barré la veille d'un déplacement, j'ai trouvé ça strange. Il devait partir avec un pote à Paris le vendredi et moi je devais le rejoindre en train le samedi. Mais je ne voulais pas qu'il parte. Je ne voulais pas qu'il me laisse une soirée. J'ai pris sa voiture, une Mercedes C 450 AMG Sport 4Matic. Sans permis, sans rien. J'ai démarré la voiture, j'ai mis quatre heures pour la sortir du parking. Sur l'autoroute, je ne savais pas mettre les clignotants. J'étais au téléphone, tout le monde me klaxonnait. Je pilais, je redémarrais. Je pleurais. J'étais dingue. J'étais possédée. C'était l'amour fou et j'étais son pion. Avec le recul, je me dis que j'aurais pu faire du bien à sa carrière, et lui peut-être à la mienne, et qu'on aurait pu être heureux si on n'avait pas été comme ça. Il y a des femmes qui ne sont pas comme ça. Toutes les femmes de footballeurs ne sont pas comme ça. Une femme de footballeur, il faut bien la choisir. Il y a deux sortes de femmes de footballeurs. Il y a des filles comme moi et il y a les femmes qui se rendent compte qu'elles sont avec un sportif de haut niveau et qu'elles doivent leur dédier leur vie.

Comment ça s'est terminé ?

Au poste, avec les flics qui avaient juste envie de me sauter.

Cellule, garde à vue, casier plus vierge...

Il n'est même pas venu me chercher.

Il a envoyé un sbire.

Je n'étais pas un cas de force majeure.

Les mecs qui lisent cette histoire veulent juste savoir si la bagnole était en miettes et si j'ai fini par avoir mon permis.

La bagnole était un puzzle : C 054 Trops Ticma4 AG MMerdesce.

Et mon permis, eh ben ouais, bande de brêles, du premier coup.

Et puis j'ai fait une IVG. Pas eu de bol. Ça a merdé, je suis devenue stérile.

C'est ça, la véritable histoire.

Elle vous fait moins marrer ?

Avec le joueur de foot, on est vraiment dans la baise primaire. Il n'y a pas de face-à-face. C'est de la levrette. Ils tirent les cheveux parce qu'ils l'ont vu faire dans les films de boule. Du coup, c'est tellement facile d'avoir du pouvoir à ce niveau-là. Celle qui arrive à faire ça, elle a un pouvoir sur le mec qui est extraordinaire. Comme finalement ils connaissent assez peu le sexe, c'est très facile de les emmener sur un chemin un peu plus sulfureux, un peu plus opaque. Mais je pense quand même que pas mal de mecs sont hyper réfractaires à tout ça. Hyper puritains, oui. Baiser des salopes, oui, mais c'est vraiment dans la quantité et pas dans la qualité. C'est baiser, baiser, baiser. Souvent, je me suis posé la question. Je voyais des meufs gémir, mais je ne suis pas sûre qu'elles jouissaient vraiment. Je suis même sûre du contraire. C'est vraiment plus dans l'abattage. On est dans le kilo. C'est pour ça qu'après ça les dégoûte et qu'ils préfèrent rester avec Bobonne. On n'est pas dans le plaisir, on est dans le pouvoir d'avoir qui ils veulent, quand ils veulent.

C'est intéressant, vous ne trouvez pas ? C'est comme rock star ou acteur hollywoodien.

Bilan : lui, il avilissait la meuf canon alors qu'il était tranquille avec maman à la maison. Et moi, j'ai beaucoup souffert.

Vous comprenez ou vous voulez plus de détails ?

Le pouvoir réside davantage dans le fait de rendre amoureuses des filles qui, dans un autre contexte, auraient été inaccessibles. De pouvoir les humilier. De se dire : « Ces filles m'ont toujours craché dessus quand j'avais 12 ou 13 ans, elles ne m'auraient jamais calculé parce que j'habitais dans un immeuble qui sentait la pisse. Eh bien maintenant, ces filles-là, elles chialent pour moi. Elles veulent me faire des gosses. » Le pouvoir suprême, c'est de mettre ces meufs-là enceintes.

C'est une sorte de vengeance. Quand un mec qui habitait dans un deux-pièces à Rimini avec ses 7 frères et sœurs voit que je suis prête à aller lui donner ma vie... Elle est là, leur jouissance. Elle est dans le fait d'avoir dix meufs sur leur portable. Deux top models, deux meufs de la télé, deux meufs hyper bonnes, un répertoire ça comme... Et ces meufs, ils arrivent à les rendre complètement malades.

Cela dit, ça leur arrive souvent d'avoir plusieurs portables. Je suis sortie avec un joueur de l'OM. Quatre portables, quand même. Un numéro pour sa femme officielle, un pour le football et deux pour ses doss annexes. Un jour, sa femme l'a grillé. Il y avait eu un article qui était sorti sur lui, genre portrait. Et là, le journaliste écrit noir sur blanc que TY (initiales brouillées, les chéris, pas d'enflammades) avait quatre portables sur la table. Sa femme lit, les agents moins, et bingo, putain, je ne vous raconte pas la soufflante.

Bon, c'était que l'OM, hein, parce que Samuel Eto'o, il a huit portables et je sais qu'il avait mon 06 sur son cinquième téléphone.

Le foot est un milieu machiste où l'argent coule à flots. Mais le footballeur n'a rien inventé. C'est pareil dans la politique, pareil dans la finance, pareil dans le showbiz, pareil dans les médias... Chacun essaie de faire fructifier son petit pouvoir. Le sexe, l'argent, la gloire... Et l'amour se débat comme il peut dans cette jungle.

Vous savez le dernier SMS que ce fils de pute m'a envoyé ?

« Côte touchée, ischio-jambiers en miettes, cheville foulée, tendon d'Achille mort, gros orteil écrasé, aponévrose sa race, genou foutu, cuisse aussi, adducteurs de ieuv, dos tordu, y a que la queue qui fonctionne et elle a besoin de toi. Raboule ta tronche poupée, je sais que tu peux pas faire autrement. »

Élaboré pour un footeux. Il aurait dû faire médecine.

J'ai rappliqué.

C'était bien, ces quelques jours avec vous.
Voilà, vous savez tout sur les Wags.
Vous savez tout de moi aussi.
Sauf mon nom. C'est bien le seul secret qui me reste.

Manuela

« La gloire et le plaisir, la honte et les tourments,
Tout doit être commun entre de vrais amants. »

Pierre Corneille
Cinna, V, 2